淺說地藏經大意

夢參
年九十八歲

淺說地藏經大意

夢參老和尚講於五台山普壽寺
方廣文化整理

目錄

深山中的一盞明燈

夢參老和尚生於西元一九一五年，中國黑龍江省開通縣人。年少輕狂，個性機靈、特立獨行，年僅十三歲便踏入社會，加入東北講武堂軍校，自此展開浪漫又傳奇的修行生涯。

隨著九一八事變，東北講武堂退至北京，講武堂併入黃埔軍校第八期，但他未去學校，轉而出家。

他之所以發心出家是因為曾在作夢中夢見自己墜入大海，有一位老太太以小船救離困境。這位老太太向他指示兩條路，其中一條路是前往一棟宮殿般的地方，說這是他一生的歸宿。醒後，經過詢問，夢中的宮殿境界就是上房山的下院，遂於一九三一年，前往北京近郊上房山兜率寺，依止修林和尚出家；惟修林和尚的小廟位於海淀藥王廟，就在藥王廟剃度落髮，法名為「覺醒」。但是他認為自己沒有覺也沒有醒，再加上是作夢的因緣出家，便給自己取名為

「夢參」。

當時年僅十六歲的夢參法師，得知北京拈花寺將舉辦三壇大戒，遂前往依止全朗和尚受具足戒。受戒後，又因作夢因緣，催促他南下九華山朝山，正適逢六十年舉行一次的開啓地藏菩薩肉身塔法會，當時並不為意，此次的參訪地藏菩薩肉身，卻為他日後平反出獄，全面弘揚《地藏三經》法門，種下深遠的因緣。

在九華山這段期間，他看到慈舟老法師在鼓山開辦法界學苑的招生簡章，遂於一九三二年到鼓山湧泉寺，入法界學苑，依止慈舟老法師學習《華嚴經》與戒律。

鼓山學習《華嚴經》的期間，在慈舟老法師的親自指點下，日夜禮拜〈普賢行願品〉，開啓宿世學習經論的智慧；又在慈老的教導下，年僅二十歲便以代座講課的機緣，逐步成長為獨當一面，口若懸河，暢演《彌陀經》等大小經論的法師。

法界學苑是由虛雲老和尚創辦的，經歷五年時間停辦。學習《華嚴經》圓滿之後，夢參法師又轉往青島湛山寺，向倓虛老法師學習天臺四教。

在青島湛山寺期間，他擔任湛山寺書記，經常銜命負責涉外事務。曾赴廈門迎請弘一老法師赴湛山，講述「隨機羯磨」，並做弘老的外護侍者，護持弘老生活起居半年。弘一老法師除親贈手書的〈淨行品〉，並囑托他弘揚《地藏三經》。

當時中國內憂外患日益加劇，日本關東軍逐步佔領華北地區，在北京期間，以善巧方便智慧，掩護許多國共兩黨的抗日份子幸免於難。一九四〇年，終因遭人檢舉被日軍追捕，遂喬裝雍和宮喇嘛的侍者身份離開北京，轉往上海、香港；並獲得香港方養秋居士的鼎力資助，順利經由印度，前往西藏色拉寺依止夏巴仁波切，學習黃教菩提道修法次第。

在西藏拉薩修學五年，藏傳法名為「滾卻圖登」；由於當時西藏政局產生重大變化，排除漢人、漢僧風潮日起，遂前往青海、西康等地遊歷。一九四九年底，在夏巴仁波切與夢境的催促下離開藏區。

此時中國內戰結束，國民黨退守台灣，中華人民共和國在北京宣布成立。

一九五〇年元月，正值青壯年的夢參法師，在四川甘孜時因不願意放棄僧人身份，不願意進藏參與工作，雖經過二年學習依舊不願意還俗，遂被捕入獄；又因在獄中宣傳佛法，被以反革命之名判刑十五年、勞動改造十八年，自此「夢參」的名字隱退了，被獄中各種的代號所替換。

他雖然入獄三十三年，卻也避開了三反五反、文革等動亂，並看盡真實的人性，將深奧佛法與具體的生活智慧結合起來；為日後出獄弘法，形成了一套獨具魅力的弘法語言與修行風格。

時年六十九歲，中央落實宗教政策，於一九八二年平反出獄，自四川返回北京落戶，任教於北京中國佛學院；並以講師身份講述〈四分律〉，踏出重新弘法的第一步。夢老希望以未來三十三年的時間，補足這段失落的歲月。

因妙湛等舊友出任廈門南普陀寺方丈，遂於一九八四年受邀恢復閩南佛學院，並擔任教務長一職。一方面培育新一代的僧人，一方面開講《華嚴經》，講至〈離世間品〉便因萬佛城宣化老和尚的邀請前往美國，中止了《華嚴經》的課程。

自此在美國、加拿大、紐西蘭、新加坡、香港、臺灣等地區弘法的夢老，開始弘揚世所罕聞的《地藏三經》：《占察善惡業報經》、《地藏經》、《地藏十輪經》與〈華嚴三品〉，終因契合時機，法緣日益鼎盛。

夢老在海外弘法十五年，廣開皈依、剃度因緣，滿各地三寶弟子的願心。夢老所剃度的弟子，遍及中國大陸、臺灣、香港、加拿大、美國等地區。他並承通願法師之遺願囑託，鼎力掖助她的弟子，興建女眾戒律道場；同時，順利恢復雁蕩山能仁寺。

年屆九十，也是落葉歸根的時候了，夢老在五臺山度過九十大壽，並勉力克服身心環境的障礙，在普壽寺開講《大方廣佛華嚴經》（八十華嚴），共五百餘座圓滿，了卻多年來的心願。這其間，又應各地皈依弟子之請求，陸續開講〈大乘起信論〉、《大乘大集地藏十輪經》、《法華經》、《楞嚴經》等大乘經論。

夢老在五台山靜修、說法開示，雖已百歲高齡，除耳疾等色身問題外，依舊聲如洪鐘，法音攝受人心；在這期間，除非身體違和等特殊情形，還是維持長久以來定時定量的個人日課，儼然成為深山中的一盞明燈，常時照耀加被幽冥眾生。

二〇一七年十一月二十七日（農曆丁酉年十月初十申時），圓寂於五台山真容寺，享年一〇三歲。十二月三日午時，在五台山碧山寺塔林化身窯荼毗。

夢參老和尚出家八十七載，一本雲遊僧道風，隨緣度眾，無任何傳法舉措，未興建個人專屬道場。曾親筆書寫「童貞入道、白首窮經」八字，為一生的求法修行，作了平凡的註腳。

二〇一七年冬　方廣編輯部修訂

地藏菩薩的願行

第一講

「諦聽」的涵義

諸位的大心眾生，現在我們要講《地藏經》的大意，但是在未講經之前我有點意見，要求大家注意。在講經的時候，無論是誰聽法，佛對當機眾都說「諦聽諦聽」，《金剛經》是須菩提，《地藏經》第二品是地藏菩薩，乃至第十品也是地藏菩薩，佛都說「諦聽諦聽」，難道大菩薩還不會「諦聽」嗎？不是這個意思。這是佛說法的諦言警惕，讓你注意。為什麼在佛每次講經的時候，都囑託在法會大眾「諦聽諦聽」，這是什麼意思呢？

今天講講「諦聽諦聽」的涵義，當我們聽這一部經，不論哪一部經，在你聽經的時候能不能得到利益，不在佛菩薩的教敕，而在聞法的人、聽講的人能不能「諦聽」。

古代大德說，你聽教聞法的時候，要把你所聞的銷歸自性。修行是要轉識成智，「諦聽諦聽」就是轉識成智，銷歸你的自性，怎能銷歸自性呢？聞一座經就開悟了，聞幾段經義就開悟了。

大家聽的經很多，為什麼不能開悟？因為沒有做到「諦聽」，所以不能開悟。「諦聽」用淺顯的話說，就是要仔細的聽，要專心的聽，你會有小小的明白（明白即是開悟），明白經上所說的道理，而這個小小的明白還不是「諦聽」，「諦聽」的道理很深。

不要聽信別人說《地藏經》是小教，是對鬼神說的，這是絕對錯誤的。《地藏經》是圓教，大乘之中的大乘。翻譯這部經的人是實叉難陀，他也是翻譯《大方廣佛華嚴經》的尊者。

《地藏經》是在什麼時候說的

《地藏經》是在什麼時候說的？是佛說完《法華經》的時候，到忉利天去報母恩說的《地藏經》，說了三個月，從忉利天下來，十四日下到人間，當天就說《大般涅槃經》，《大般涅槃經》一天就說完了，十五日佛就入了涅槃。

有的大德把《地藏經》判為法華，跟《法華經》是同等的，因此不要把這部經看成是一般的經典，這是圓教的大乘經典；從事顯理，從事相上來顯你的真性，得這樣去領悟《地藏經》。

《地藏經》是對法身大士說的

這部經是對什麼人說的呢？雖然六根普被，實際上是為法身大士說的。我們往往把《地藏經》理解錯了。法身大士跟我們凡夫不一樣，我們不但不是法身大士，連小乘的初果都沒有。初果的境界是什麼樣子呢？見思煩惱、現行的八十八品見惑都斷盡了，初果的聖人是斷盡八十八品的見惑，我們有這種境界嗎？能斷得惑嗎？大家學教義的應當懂得。我們連暖（編者按：或作「煖」）頂忍世第一的前四加行都沒有修好，見思的煩惱沒有斷，不但沒斷，天天還在增長。

我們聽經的時候，如能做到專心的聽、一心的聽，你才能得到受用，才能得到利益。一心專心不是二心，二心是一面聽經一面想事情，心裡頭想別的事情。一心就是心裡頭只有一個念頭，什麼都沒有，只有聽講的一個念頭，其它的一些念都停止了，這叫一心聽、專心聽。

聽懂也如是聽，聽不懂也如是專心的聽，這樣你自然就懂了，不加思考也不要去想。如果實在不懂就算了，不要生起第二個念頭，不要去理會，也不要去研究。因為一理會一研究，那就不叫一心。

你一心專心聽，這樣聽法會開悟的，多聽幾遍，每聽一遍都有一遍的悟處。為什麼不去研究思惟呢？一研究一思惟就落到意識裡頭，落到意識就變成三心二意，什麼叫三心？什麼叫二意？阿賴耶識的那個心，第七末那識的心，再加上你的意根（意識的心），這叫三心。末那跟你的意根都屬於意，這叫二意。三心二意，你就不能進入，聽什麼也不能進入。你不用這個，就用你現前的根性消滅三心二意。

但是我們無量劫來用三心二意用成習慣了，你想不用，它也會自然的現前。所以佛每次講經都一再囑咐：「諦聽諦聽」，這是對眾生說的。三心二意，不但是聞法的障礙也是你修行的障礙，不能開悟也不能明白，也不能夠深入。我們往往聽完一部經，闔上經本什麼都不知道了，原因就在於你聽的時候是三心二意的聽，一定要「諦聽諦聽」。

明代交光大師在〈楞嚴正脈疏〉裡頭告訴我們，要捨識用根，不要去分別，用你的根，不要用識，捨識用根就是不用三心二意，而是用根的根性。《楞嚴經》六根圓的時候就是根，根具足性，根就是顯性，用六根的根性來聽大乘經典。

佛每次講「諦聽諦聽」，要用你的聞性來聽，用你的見性來見，這樣你就會明白道理、就會開悟。你為什麼聞法不能入呢？有些人他聞了就明白了，明白就是悟了；他不但明白而還能解說，不但解說而後能起證。這樣就容易進入、容易聽，容易能夠進入，學什麼經就進入什麼經。不過聽來容易、做就難了，大家應當收攝六根，不用末那也不用意識，不要三心也不要二意，這樣做你會得到好處的。

我們現在講《地藏經》的大意，這部經特別殊勝，在這部經開始的時候，諸佛現身來集會，只有《地藏經》如是。《法華經》不是，《華嚴經》也不是，都只是法身大士，像《彌陀經》六方諸佛讚歎，佛並沒有到會場，唯有《地藏經》是諸佛到忉利天法會會場的。

為什麼《地藏經》是攝受法身大士的

為什麼說他是攝受法身大士所聞的呢？那些鬼王能到忉利天聞法都是法身大士、不是一般的人，因為他的殊勝，諸佛都來了。

在會中佛問文殊師利菩薩：「你知道今天大會大眾有好多呢？用你的智慧來算一下。」文殊師利答覆說：「以我的慧眼，千劫的時間不能盡數。」

佛也說：「我以佛眼觀故，猶不盡數。」不但你不知道，就用佛眼看也不盡數。這是佛推崇這部經的不可思議。佛雖說不能盡數，其實佛沒有不知道的，也不是客氣話，而是推崇這部經，讓人信入。

再從經文內容來說，這個法門是廣攝十法界，來的大眾都是地藏菩薩攝受的，這就是不可思議。你能夠依教奉行決定能得大智慧得大成就，最起碼不墮三塗。第十二品〈見聞利益品〉說：見到這部經乃至聞到這部經，再不墮三塗了，這是絕對的大乘。

從第一品的文殊師利菩薩，第二品的地藏菩薩，乃至於第三品的摩耶夫人，第四品是地藏菩薩自己請問的，第五品是普賢菩薩，第六品是普廣菩薩，第七品又是地藏菩薩，第八品說的是普遍的教義。第十一品是堅牢地神，堅牢地神是未來的諸佛，我們所享受的都是依靠堅牢地神，也就是我們所說的土地公公，那是堅牢地神的無量億化身，因為地藏菩薩是從心地而發生的，含藏無盡寶藏；所以堅牢地神說，你所有的一切都是從大地而來的。

第十二品是觀世音菩薩，觀世音菩薩弘揚《地藏經》，觀世音菩薩與此土特別有緣，〈大悲咒〉的「**那囉謹墀**」就是地藏菩薩，那個地藏菩薩是觀音化現的地藏，「地藏即觀音，觀音即地藏」，沒有什麼差異。（按：請參考〈大悲咒集解〉通行本，有關第四十九句咒語之注解。）

四弘誓願

《地藏經》，我們先一段一段講大意。

我們拜懺、禮佛、誦經的時候都會念四弘誓願，地藏菩薩、觀世音菩薩、文殊菩薩、普賢菩薩，都把四弘誓願做圓滿了。四弘誓願大家天天念，還要去修行。這個就是教我們修行、使我們覺悟，從四弘誓願就可以明白。明白六道輪迴是可怖的，天、人、阿修羅、地獄、鬼、畜生六道輪轉是可怖畏的。

四大菩薩都發願誓度一切眾生，願他們不墮三塗苦，幫助一切眾生離苦得樂、脱離苦海。我們天天拜，天天發願，從早晨上殿做早課、到晚上做晚課，乃至吃飯結齋，一天腦子裏面都在念四弘誓願，但是有沒有作觀想？這不是口頭念，意念也要跟上。

同時你想修行脱離苦海，第一要先斷煩惱。你學戒修定成就慧業，目的是什麼？斷煩惱。坐禪持戒，這是很重要的，得定可以開智慧；但是比這個更重要的是斷煩惱。你修行的時候還有些障礙，我的道友來找我，我就告訴他，要注意你的思想，千萬莫起煩惱，一起煩惱，戒定慧全沒有了。念念不生煩惱，你念念戒定慧都具足，煩惱是修行最大的敵人，千萬莫煩惱、莫跟人爭執。

假使你生起貪念，不論是貪色、貪財、貪任何東西，你就念幾聲：「莫要起貪心，這是我最大的障礙。」對自己來説，你一念就沒有，這是對治的最好方法。

當你要發火的時候，不許瞋心。一念瞋心起，百萬障門開，把功德法財都燒盡了，「我不能瞋恨。」這一念瞋心立刻就消失了、清涼下來。

無明，那就太困難了，無明利害到什麼程度？失掉念，念佛念法念僧的念頭給障礙住，讓你生不起來善心，這是愚癡的表現，也就是邪知邪見。

自己獨處的時候更要特別注意。在大眾面前還不好意思，怕別人看見、還怕人家批評，自己獨處時要特別注意念頭。

這是第一大願，眾生無邊誓願度。

第二大願，煩惱無盡誓願斷。要想度眾生就要斷煩惱，不但斷自己的煩惱，也要斷眾生的煩惱，斷煩惱也得有方法。

第三大願，法門無量誓願學。佛說的一切法，斷煩惱的方法要學才知道，不學怎麼知道斷煩惱方法？

第四大願，佛道無上誓願成。你把煩惱斷盡，佛道自然就成。四弘誓願我們每天都在發，懂得道理了，發得更為深刻。

地藏菩薩對四弘誓願都是具足的，地藏菩薩的願和行，也就是心地法門。地是心地，心地本身含藏無量法門都是具足的。

「菩提薩埵」就是覺有情，不但自己的心地法門具足，一切眾生心地法門都具足，與地藏菩薩無二無別，只是被煩惱所蒙蔽。

要想達到地藏菩薩的願和行，你應當注意明因果，明因果要講事理，不但明因果，對事和理一定要認識清楚。還有要堅信心，信心一定要堅定。不要認為自己出家落髮了，還會沒有信心嗎？那是你自己的想法。

信心的問題，你可以測驗自己的信心如何？信心要堅定的，你在這裡有法可行、有道可修，事緣具足，你絕對會安心，你的煩惱絕對少，善根是深厚的。這樣才能啟發你的智慧，《地藏經》就具足這個。

《地藏經》講孝道，孝是一切法的根本。我們此國土跟地藏菩薩的意願相當吻合，我們是講孝道，孝敬父母，這樣才能達到至善至美，才能得到自己心地的無盡寶藏。

現在我們講《地藏經》推崇地藏菩薩，地藏菩薩是第一，這是地藏的行願。觀世音菩薩的行法是大慈，文殊菩薩是大智、是般若行法。普賢菩薩是大行，具足行願。在四大菩薩當中，我們現在講地藏菩薩，以他的大願為上，所以稱為大願地藏菩薩。

在《地藏經》第一品，佛就特別囑咐，今天在人天眾生大會當中，凡是未出火宅的，我都囑咐給你，這是對地藏菩薩特別的囑累。囑是囑咐，累是給他增加負擔。現在在這個娑婆世界，我要入涅槃了，還有沒度的眾生，還在火宅中，在六道輪迴，我也要囑託你，這就是我的未完事業，你替我作。怎麼做法？所有眾生不令落惡道一日一夜，更不說無量劫，連一日一夜都不可以，你要救度他。

《地藏經》第十二品、第十三品，佛最後囑累地藏菩薩，佛在《地藏經》一共三次囑累地藏菩薩。臨最後的第十三品，還要囑咐地藏菩薩。地藏菩薩面對如來的囑咐攝受眾生，要無窮無盡的分身，不止娑婆世界，地藏菩薩還分身無量世界，不令眾生受惡道之苦。

這樣講起來，我們可不要依賴地藏菩薩，想依賴也依賴不到，你的心、願力、行為，必須與地藏菩薩相吻合才能救度你。如果你跟他的邊都不沾，甚至連名字都沒聞到，他又怎麼來救你呢？無緣難度。這一點大家要特別注意。

每部經都是佛囑託大菩薩，講每部經都要度一切眾生，你自己也得發心。你要是認識錯誤，以為我照常造業、照常行惡，就等地藏菩薩來救我，這也是不可能，等不到的。起碼你得跟他結個緣，這點要特別注意。

地藏大願

在講大意之前，先跟大家講講地藏大願都是什麼大願？在〈忉利天宮神通品〉第一品，文殊菩薩就請問佛，佛這麼讚歎地藏菩薩的功德，有些人不可信、不見得信；特別是末法眾生、造惡眾生，不但不信還要謗譭，那他不是墮地獄墮更深？所以請佛說一說，地藏菩薩是怎麼利益眾生？地藏菩薩的大願是什麼樣子？怎麼發的大願？文殊菩薩請釋迦牟尼佛講講地藏菩薩過去生的事情，地藏菩薩怎樣行菩薩道？怎麼樣利益眾生？

地藏菩薩的第一個大願

佛就跟文殊師利菩薩說，在久遠久遠劫、不可說不可說那個時候之前，地藏菩薩是一位大長者的兒子，有大財富的，有道德的，在他的國內威望很高，而且是位童子。在那個時候，有佛的教化，佛的德號，「世尊、佛、無上士、調御丈夫、天人師」，這是通號，「師子奮迅具足萬行如來」，這是別號。每尊佛都有通號、有別號。通號有十種稱號，每尊佛都具足的。「師子奮迅具足萬行如來」是別號，是這尊佛修得的，就像現在我們的本師釋迦牟尼佛，他的德號是「能仁寂默」，「師子奮迅具足萬行如來」，像獅子一樣，他所行的一切萬行，勇猛、威力很強，這是稱歎他的德。

在那個時候有位大長者的兒子，他看到佛相貌這麼莊嚴，「相好莊嚴」是形容詞，千福萬福說不盡的莊嚴寶相，生起希求心、羨慕心。地藏菩薩生前是長者子，他就問萬行如來說：「我應該怎樣做？怎麼發大願？我也能到得到像你一樣的相，得做什麼因、發什麼願才能得到？」師子奮迅具足萬行如來就告訴他：「你想要證得這個身，就要久遠度脫一切受苦眾生。」從那個時候，地藏菩薩就發願度盡一切眾生，地獄不空誓不成佛。

這個大家可以做另一種理解，般若智空，有什麼佛可成？大家都讀過《金剛經》，有佛道可成嗎？有阿耨多羅三藐三菩提可得嗎？早已成佛，只是示現菩薩而已。文殊師利是七佛之師，他早成佛了，示現度眾生的時候，什麼相都可以。

不是地藏菩薩永遠成不到佛，地獄永遠不會空的、眾生界不會盡的；當你證得般若義空，地獄沒有了，眾生也沒有了，這是作般若義講。眾生確實是在受苦，沒有悟得時不知道。像我們確實在受苦，我們的心理狀態、相貌，沒有一個相同，連一母所生的雙胞胎都不同，總是有差異，懂這個道理就行了。

佛告文殊師利菩薩說：那個時候地藏菩薩做長者子，他就發願，盡未來億劫，要把六道眾生都度完。願力發的很大，所以廣設方便，令一切眾生解脫。

現在我們聽到地藏菩薩名號，誦《地藏經》，再去實踐，你一定得解脫。那時候地藏菩薩發願度盡眾生他才成佛，這是他在那時所發的大願。

所以經過百千萬億那由他不可說劫，時間非常長、不是言說所能說的，地藏菩薩還在做菩薩，這是第一個大願。

因為時間有限，略說地藏菩薩發願度眾生，至於佛為什麼說《地藏經》？像《占察善惡業報經》，佛為什麼叫堅淨信菩薩請地藏菩薩講《占察善惡業報經》？每部經的因緣都是相適應的，我們每天一座也圓滿，十座也圓滿，隨時都可以圓滿，隨時都可以不圓滿。

地藏菩薩的大願無窮無盡，我們現在活到一百歲，講一百年。我的老法師在講，老法師的老法師也在講，無窮無盡；從佛說到現在，許多大德講了很多次，現在我們還在講，目的只有一個，希望大家能夠照地藏菩薩的願力去做。

地藏菩薩的心地

第二講

「地藏」二個字的涵義

繼續講《地藏經》的大意，上次講地藏菩薩的願行；現在講「地藏」二個字，講講地藏菩薩的心地法門。「心」，大家都具足，我們的心地跟地藏菩薩的心地是一樣，不過地藏菩薩是證得的，我們的地藏是沒有證得的，都被我們的惑業苦三障給障住。

《地藏經》，在佛經裡是孝經，把孝道的意義發揚光大，這個孝道是我們對諸佛菩薩報佛恩。我們這裡有憶恩堂，憶恩堂最重要的是報佛恩、報師恩，這是孝道。這樣才能夠具足這些願行，才能恢復我們純正的心地，那我們的心地無盡寶藏才能發揮。

相信因果

今天我們講講名詞，第一明因果，相信因果。

簡單的說誰都懂因果，但是我們都不認得因果，什麼原因？很複雜。現在我們今生感受前世的果，過去因感現在果，這個果是錯綜複雜的。就一個人來說，整個大環境、小環境都是因果所促成的，我們現在所受的是前生的果，今生再所做的就是未來世的因，未來世所受的是今生所做的果。

就個人來說，他的一生經歷很複雜，說明他前生的因很複雜。大家在這裡學佛法，不管讀書乃至行堂都是造未來的因，但也是過去的果。舉例來說，在《地藏經》講布施功德的因緣，為什麼做同樣的事情，有的人就三生受報，有的卻是無量劫受報。

同樣的布施，你看這個窮苦人，捐助他十元，捐助是可憐他，順手掏出給他十元，以這種態度做的功德，後來感果頂多加一倍，二十元回報。從心地來說，那就不止二十元，看你怎麼樣用心。如果是以恭敬心，對待這個窮苦人，恭恭敬敬供養他十元，供養時對他說話很客氣，那你的功德比前頭那個功德就大，成了千百倍。如果是第三者，不但給他錢，還安慰他勸他，你今天為什麼這麼窮？因為過去沒有布施，你要多捨，來生就富有了，不會再這麼窮了。或者教他念佛、信佛，給他說佛法，絕不輕視他，那你這功德更大了。同樣的一個錢看你怎麼用心，以什麼態度作供養。

同樣是因，因地不是真誠的，所感的果也不真誠，因地真誠的所感果就大。那貧女供養一個金錢的油，那是她的全部財產。波斯匿王供千燈，拿多少罐多少車的油，還不如這一個貧女一個金錢的油。

這是什麼原因？她是「竭盡施」，波斯匿王供養五萬斤油，他是國王，無所謂的。正趕上那天是目犍連尊者當香燈師，到天亮了要把燈熄滅，其他的燈都熄滅了，他就是滅不了貧女所供養的燈，甚至用神通熄滅這盞燈也熄滅不了。佛就出來跟他說，你以羅漢的二乘人功力熄滅不了，她的功德非常大，這叫「竭盡施」。同樣一個因都是供養燈，但是所感的果不同。現在大家都在這裡聞法，如果你一心聞法，至心懇求聞法或三心二意聞法，完全不同，所感的果就不同了。

我們上課誰都知道，聞法的功德非常殊勝，人人都願意聞法，有這個因緣嗎？同是普壽寺的僧眾，現在有人在知客室到不了，大家就給他迴向，把我們的功德送給他。還有居士護持我們的道場，護持大家聞法，他也不能聞。看看這裡頭的因果，錯綜複雜得很。

我們每天用心，從早到晚念念都有因果。我們修道乃至聞法的很多、證果的很少，「因地不真，果招紆曲」，要這樣明因果。加個「明」字就是智慧，你能把因果分清楚明白了，有什麼好處？不敢造因也不敢起壞念頭，當你一生起，馬上就警覺了，怕落因果。必須深切明了因果，有如是因一定感如是果。

詳明事理

第二個詳明事理。這是講心地的。我們的心地就像大地含藏無盡寶藏，這個心含藏無盡的功德，就看你怎麼發揮。發揮不出來，無盡的功德會變成無邊的煩惱；發揮出來，就降伏無邊的煩惱變成無盡的功德藏。

我們一天的所作所為，凡是有為的，有名字有言說有形相的都叫事，這個事從什麼地方來？這叫世間相。從理上來，理能成事是理成就，從心地所產生的，因為我們的心地含藏著這些事理。

理是無為的，我們經常說人人具足佛性，佛性大家是平等的，跟諸佛、跟地藏菩薩是平等的，地藏菩薩叫「地藏」，我們每個人也叫「地藏」。從性體來說，我們都叫文殊，都具足一樣的智慧，這是從理上講。事上就不一樣，事有千差，在事情上千差萬別，理無二致，在理上沒有兩樣，懂得事理，這也是心地所含藏的。

堅定信心

第三個堅定信心。堅定信心是很重要的，《地藏經》每一品都啟發你堅定信心。文殊菩薩請示佛，請佛詳細介紹地藏菩薩在因地做什麼功行，所以讓佛說一說地藏菩薩怎麼樣不得了，怕未來眾生產生毀謗，文殊師利菩薩是不會有疑惑的，而是一切眾生有疑惑，文殊師利菩薩他的信心不會變。

跟《地藏經》同類的經：《占察善惡業報經》，請法的菩薩叫堅淨信，堅定清淨的信心，同時啟發我們的心地智慧。為什麼《地藏經》第一品是文殊菩薩請示佛說，文殊是大智文殊，這部經是啟發心中的智慧。

《地藏經》是發揚佛教的孝道

這也是發揚佛教的孝道，《地藏經》從第一品婆羅門女乃至第四品光目女都是孝順父母。有人說佛教徒不孝順父母，這是絕對錯誤的。出家之後，第一就是報父母恩，修行學習、上殿過堂都是作佛事，一天之內隨時把你所做的功課迴向父母，這是孝道的意思。這樣才能達到成佛的目的，達到至善至美，才能使你的無盡心地寶藏發揮出來，這是靠什麼？靠你的修行、靠你的發願。因為你不會發願、不會修行，就向地藏菩薩學習怎麼發願、修行，我們著重在地藏的願行。

我們在三界之中，三界即是火宅，這部經是地藏菩薩承受釋迦牟尼佛對他的囑咐，讓他把在釋迦牟尼佛末法所遺留下來、還沒有解脫的一切眾生，佛就囑咐地藏菩薩把他們都度了，不要讓他們墮惡趣，一天一夜都不可以。因此地藏菩薩化無量億化身，誰受持地藏法門，誰就是地藏菩薩化身，你要宣揚，也照地藏菩薩的行願去做。

地藏菩薩的第一大願

這是總說《地藏經》的大意，以下是分說。

第一品〈忉利天宮神通品〉，第一品就是第一大願。誰的神通？佛的神通也是地藏菩薩的神通。

佛對文殊師利菩薩說，文殊師利菩薩聽到佛讚嘆地藏菩薩功德，文殊菩薩請示佛：「你說說地藏菩薩過去怎麼修行？為什麼有這麼大的功德？有這麼大的神通法門？神通表現在什麼地方？」

「文殊師利啊！」這是佛說的口氣。佛向文殊師利說：「你不是讓我說地藏功德嗎？」「是地藏菩薩摩訶薩，於過去久遠，不可說不可說劫前。」這是約時分說，他從什麼時候發心？什麼時候修行？他發心的時候，那個世界、那尊佛號，別號是什麼？在過去久遠久劫不可說的時分之前，地藏菩薩那個時候是大長者子，很有財富、很有道德，具足十德。

那個時候有佛出世，佛的德號謂師子奮迅具足萬行如來，這個長者子看見佛這麼的莊嚴相好，「千福莊嚴」是形容詞。這個長者子向佛請問：「佛啊！你發什麼願？你怎麼樣修行得到這麼好的相貌？」師子奮迅具足萬行如來告訴他說：「你想證得我這個身嗎？也想像我這麼莊嚴嗎？那你就要久遠度脫一切受苦眾生。」這就是方法。你想得到解脫，想得到幸福，就得發願，第一就是發願度眾生。

只發願不行、還得去做，做就得行種種的方便善巧，我們就不說無量眾生，像現在我們五百多人以上，若想度這五百多人，你發願度五百多人，怎麼做？每個人有很多問題、很多煩惱，不用說無窮無盡眾生，我們就是幾百人，再縮一點周圍十幾個道友，你能幫助他們都斷煩惱？都解脫嗎？有這個力量嗎？有這個智慧嗎？無量劫時間是非常長的，處所是徧法界的。

佛就跟文殊師利菩薩說：「文殊師利啊！」那個時候地藏菩薩作長者子的時候就發大願了，「我今盡未來際」，這個可以用處所講，沒有邊際，不分一切地處，徧法界沒有邊際，時間不可計劫，無窮無盡的時間，什麼時間把眾生度盡了，他就成佛了。「不論處所、時間，只要有受苦的六道眾生，天人阿修羅地獄鬼畜生六道眾生，我廣設方便，全讓他們解脫，這樣都解脫成阿羅漢都不容易，都讓他們成佛，到那個時候我才成佛。」

「文殊師利菩薩，你要知道，地藏菩薩在師子奮迅具足萬行如來前發這麼大願，現在經過好長的時間呢？」已經百千萬億那由他不可說劫，時間非常的長，一直還是菩薩，為什麼呢？因為地獄未空，眾生界未盡，地獄空比眾生界盡容易，地獄單說是地獄一道，眾生界盡是六道都在內，地獄不空誓不成佛，眾生度盡方證菩提。

度盡六道眾生，世間再沒有眾生，全是佛，這能做得到嗎？他的願力如是，做不到也要這樣做，做得到也要這樣做。

有人就問我，「地藏菩薩永遠不成佛？」我跟他的想法不一樣，對這個問題有我的看法。地藏菩薩早已成佛，不過示現作菩薩而已，地獄早就空了，眾生界早就盡了，沒有一個眾生可度，也沒有一個佛道可成，證得性空了。這是隨順世間隨順眾生，這是第一大願。

跟著地藏菩薩發願

我們學法者不會發願，那就跟著地藏菩薩這樣發願。你看什麼都可以發願，你發你的願，願力都不一樣，大家可以念念文殊師利菩薩十大願，普賢菩薩十大願，觀世音菩薩十二大願，地藏菩薩願呢？地獄空眾生度盡，這是他的願。

這是隨《地藏經》的品來定的，這都是地藏菩薩的願。第一大願，是根據他當時所發的願。

地藏菩薩的第二大願

第一品還有一個願。「又於過去不可思議阿僧祇劫」，那時候又有佛出世號覺華定自在王如來，這佛的壽命很長，四百千萬億阿僧祇劫。一個阿僧祇劫是無央數，時間不可計數。以我們現在的智慧算不出來，這尊佛的四百千萬億阿僧祇劫已經過去了，佛滅後像法之中，這個時候有婆羅門女，佛當時說法是在印度，婆羅門是四種種姓當中的婆羅門種姓。有一個童貞女子，她過去生積福很深厚，大家都尊敬她、敬仰她，行住坐臥都有諸天保護，但是她的媽媽行邪道不信正教、知見不對，也就是不信佛，常時輕視三寶，不恭敬三寶。

這婆羅門女知道媽媽不信佛，想度她的媽媽，設種種方便善巧，勸誘她的母親回歸正見、尊重三寶，讓她生起正知正見，但是她的媽媽還沒轉化過來的時候，就死了，「命終」即是命盡，她就墮三惡道墮地獄道，而且墮無間地獄。

這個時候婆羅門女非常的悲傷，因為她知道母親毀謗三寶一定墮地獄。她就把家宅都賣了，到覺華定自在王的塔寺去求；像法時期，佛已經不住世了，佛的寺廟還宣揚著覺華定自在王的法。

婆羅門女就到寺廟裏求，求的時候她希求讓一切眾生都能夠得到解脫，這跟前一大願隔了多少世？她是在覺華定自在王的時代。

這又說一個故事，地藏菩薩的因地發願，為什麼形容說她是孝女呢？從第二大願開始，她這樣求佛，覺華定自在王如來在空中告訴她，「妳跟其他眾生對父母孝心不同，我告訴妳一個方法，回去至誠念我的名號，妳會知道妳母親到什麼地方。」

大家看過《地藏經》都知道，這是表示大願的意思。當佛跟她說的時候，這位婆羅門女非常感動，向佛禮拜，兩手兩腳都受了損害，由她家裏的人扶她回家去，一心念覺華定自在如來。

念了之後，好像到地獄去了，就碰見鬼王。鬼王跟她說，「妳跟我去地獄看妳母親受罪！」她又發願了，這是第二次大願，在覺華定自在王如來塔像像前，現在我們在釋迦牟尼佛像前發願亦如是。

她發什麼願？盡未來劫所有受苦眾生，都使他們解脫。她看地獄苦難，她問鬼王，她說：「我怎麼到這兒來呢？」鬼王說：「只有二種，一種是業力；一種是諸佛加持神通力，諸佛加持力。」也就是願力，除此二種到不了她母親所墮的地獄。

完了，她說：「我母親死了不久，不知她的魂識墮哪個地獄去？」無毒鬼王說：「妳的媽媽生前做什麼事情？」「我的母親生前毀謗三寶。」「妳的媽媽叫什麼名字？」「我的媽媽叫悅帝利，父名尸羅善見、母名悅帝利。」

無毒鬼王說她母親生天了，悅帝利生天已經好幾天。鬼王又跟她說，不但她自己生天，所有這地獄都得她女兒給她母親作佛事的功德，都生天了、都得解脫。這一段是地藏菩薩發的第二大願。

業果能轉不能轉

在《地藏經》第一品裡有一個問題，業果能轉不能轉？定業能轉不能轉？如果定業不能轉的話，那婆羅門女她求也沒用，而且還不是她母親本人求，而是婆羅門女替她母親求，那求的相當懇切、功力很強。

功力夠了，以她的修行功力，行願的功力，把她的母親從地獄送上天了，這是把她母親的定業轉了，也就是她的力量夠了。雖然定業不可轉，因為她的行願力功德，把她母親的定業轉過了。

現在我們的惑業苦三障為什麼轉不動？連現世間的病苦都轉不動，想進寺裡作一個學僧都辦不到，連這個小願力都做不到。為什麼呢？力量不夠。古德形容業轉和不能轉，如二水相投，一是熱水一是冷水，兩個把熱水涼水加在一起，如果冷水多，熱水變成冷水；如果熱水多冷水少，冷水變成熱水。修行的力量、願力、心力超過業力，你能轉得動。如果你的心力、修行力、願力抵不過你的業力，就暫時轉不動，還要漸漸的轉。

第二大願說明了業能轉，因此聯想到另一個問題。如果是我們想做一個願力、想做一件事，你也跪在佛前發願，自己以為這個願力很真，你的修行得很懇切，能轉。這種情形我有很多的體會。比方說，我在牢獄裏頭，想轉這個業力，雖然轉動了也耽誤很長的時間。三十六歲進監獄，六十九歲出來，一般人都認為完蛋了，人生七十古來稀，活那麼長命的恐怕不容易。但是以我的心力、願力，我希望還能當和尚，還能回佛教界，還能回到北京。就這幾個願力，在當時很不容易達到的，為什麼能轉動？我的力量也不大，但是也能轉變了。那個時候我還沒念《地藏經》，只念〈普賢行願品〉，對我來說，我還是轉動了，不但從監獄轉出來，還能回佛教界。

最初回來之後，就在中國佛學院教書，後來到閩南佛學院教書，一九五〇年元月份進去，一九八二年十月份出來，回到中國佛學院，整整三十三年。那時候中國佛學院放寒暑假，先到了福建，從福州崇福寺開始講〈普賢行願品〉，因為圓拙老法師跟我說，弘一老法師發願誦十萬卷〈普賢行願品〉，願發了但是沒有完成。圓拙老法師說：「讓我們給老法師完成！」他就請我講〈普賢行願品〉。從崇福寺到莆田廣化寺、泉州開元寺，一直到廈門南普陀寺。

一九八三年要修弘一法師紀念館，我和妙蓮和尚、圓拙法師修弘一紀念館，我們又講〈普賢行願品〉，又念〈普賢行願品〉，那就不只十萬卷了，恐怕一百萬卷都有了，你說這種力量能轉不能轉呢？確實不可思議。

文革的時候，有很多省分的寺廟毀得相當厲害，可是從福州、到廈門南普陀寺，有很多寺廟沒有毀壞。廈門南普陀寺沒毀壞，只有天王殿的四大天王被廈大學生給打了，但是多寶殿卻增加了好多寶。什麼叫多寶殿？一般人在家裡不能供養佛像，較有歷史的佛教文物都送到南普陀寺，受到特別的保護，泉州開元寺也沒動。

我說這個意思就是能轉，雖然轉得不徹底也是能轉動的，就是現在的時候也能轉；如果大家真正都是一心，面對天災人禍也能轉，端看你的願真不真，行的切不切，修行的功力夠不夠，能轉就要有這個信心。

這二個願都是地藏菩薩能轉的。在《地藏經》上沒有明顯的十願，我們在這裡把他提出來做大意講。

地藏菩薩的第三大願

以下是第三大願。

「乃往過去無量阿僧祇那由他不可說劫，爾時有佛，號為一切智成就如來、應供、正徧知、明行足、善逝、世間解、無上士、調御丈夫、天人師、佛、世尊。其佛壽命六萬劫。」

他未出家時，當小國王，與鄰國國王兩個做朋友共同修十善，不妄語、不綺語、不兩舌、不惡口是口的四善，不殺盜淫是身的三善，不貪瞋癡是意的三善，這十種可以做善、可以做惡，不做就是善，去做就是惡。

那時候，這二個國王是鄰國的國王，那國的人民多造惡業不行十善，這二個小國王就商量用什麼方法讓他們都不做惡，一個國王發願先成佛，再把他們都度了。一王發願，先度罪苦，讓他們都得安樂，否則不成佛，那就是地藏菩薩。那個先發願成佛的就是一切智如來。

看《地藏經》第四品，地藏菩薩就是這樣發願，什麼願？必須把他們度盡，讓他們都安樂了，我才成佛。在那個時候一切智如來早就成佛了，地藏菩薩還是菩薩，這是他的第三個願。

地藏菩薩的第四大願

第四品〈閻浮眾生業感品〉，《地藏經》的經文很長，我們把它摘出來就說這幾個願，現在大略解釋一下，之後我再把這幾個願總合起來跟大家說，先隨文略略知道一下。

你們都念過《地藏經》吧？念過《地藏經》就知道。不僅如此，在過去無量阿僧祇劫，那時候有佛出世，佛的德號叫清淨蓮華目如來，那個佛住世四十劫，在他涅槃之後，像法之中有位羅漢，這個羅漢是無盡意菩薩。我們讀《法華經》〈觀世音菩薩普門品〉，那位無盡意菩薩，就是這位無盡意菩薩，那個時候他是羅漢。他教化一切眾生時，遇到一個女人設食供養，這女人叫光目女，羅漢就問光目女：「妳今天供養我，妳有什麼願力？妳想得到什麼？妳希望什麼？」光目女跟他說：「我媽媽死了，不知我媽媽到了什麼道？不知她現在情況如何？請師父慈悲給我觀察一下。」

羅漢就入定觀察，她媽媽墮了地獄，羅漢就問：「妳媽媽在世時候造了什麼業？」她說：「我媽媽愛吃海鮮、魚蝦之類，愛吃其子，不可以千萬數計。」羅漢告訴她一個方法：「妳回家去靜靜坐著，就持清淨蓮華目如來名號，妳的母親就能得救。」光目女就回去念清淨蓮華目如來名號，度盡一切罪苦眾生，地藏菩薩那時候是光目女，這是他所發的第四個大願。為什麼稱《地藏經》是孝經，就是由於這二段故事的因緣。

這一共是四個大願：第一個為長者子，見佛相好莊嚴無比，生出一種希有想，希望發大願想得到相好莊嚴。第二次是他做國王與鄰國王二人，一個發願成佛度眾生；一個發願把眾生度盡我才成佛。把眾生的痛苦擺第一位，把自己擺第二位。第三個是當婆羅門女，婆羅門女與光目女二個完全是為救母親而發大願。因此發大菩提心的人，度苦難眾生。「菩提薩埵」，菩提是覺，薩埵是有情，讓一切眾生都覺悟的人，這種發大心的菩薩，度苦難眾生。

發大心，大家都想發大心，誰不發大心？發大心可不容易。為了度眾生，第一個得先自己不怕落因果，也不怕下地獄，這話是什麼涵義呢？為了救度一個眾生的時候，想種種的方法，在這方法當中，你要滿足眾生願，可能破戒，但是你只有一個目的，使他得解脫，自己下地獄沒有關係。

如果你像文殊、普賢、觀音、地藏這些大菩薩神通廣大就可以，像我們凡夫發了大菩提心，你若想度眾生的時候，要先考慮考慮自己，你有什麼力量？莫超過不及，「不及」就是你做不到的，你沒有度眾生、反而把自己墮進去，救人沒救成卻把自己陷入，那說明自己沒有智慧。你發大菩提心，第一個先得學智慧，那是作方便善巧，不是一句空話，真的要有犧牲精神。

我們好多道友讀〈普賢行願品〉第十大願的普皆迴向願，代眾生受苦，替一切眾生受苦。念經文很容易。等到你做的時候，代眾生受苦，到真正境界現前的時候，你不但不代眾生受苦，還想要佔眾生的便宜，那時候的道心去哪裏呢？你怎麼代法？往往發大願、退失菩提心，就是從這裡產生的。

你應當知道，我們發菩提心，無論省庵大師的發菩提心文，蓮池大師的發菩提心文，好多祖師都說發菩提心，可是不知道修道的次第，念一遍發菩提心文，只能激發你的心。

西藏的教義是有次第的

西藏的教義就非常有次第，依照次第容易做，發菩提心了，第一先對世間要生厭離，如果你對世間不生厭離，自己放不下、看不破，你還去度眾生嗎？怎麼度？沒有方便善巧，那是看破放下，不是在經文上所說的話。你在行動上真正做到厭離世間，因為自己厭離世間、不貪戀世間，你才去用厭離世間的行為志願，以此勸一切眾生厭離世間、莫貪戀世間。

我們很多人都是念佛求往生，但是勸他信佛、念佛、求生極樂世界，第一個你得勸他先厭離世間。娑婆世間你有一點點的牽掛、有一點的貪戀，極樂世界你怎麼去得了？那不是東方肉也要吃，西方佛也要成。東方五欲境界全要享受一下，還想上極樂世界去清涼，辦不到的，不可能的。

你必須先厭離這個世界，之後你要勸一切眾生厭離，別人厭離，你自己先厭離。不是你們都厭離了，把五欲財寶都給我吧？你這樣能度人嗎？不但度不了人，反而害人。這個需要你自己先有厭離，厭離完之後並不是因為我厭離之後，跑到極樂世界去了，這是不行的。

自己厭離，之後勸大家厭離。比如說我們都在這間房子裡，突然間失火，你只管自己逃命，根本不想救別人，你若是大菩薩，把他們一個一個都從火坑裏救出去，自己最後走，這才是大菩薩。

一切好事先貢獻給別人，有責任的自己承擔。例如我們小班共同犯一個錯誤，師父來問了，這是誰做的？答不知道。明明是他做的也不承認，東推西推的，師父問：「這屋裡有十個人，這個壞事究竟是誰做的？」得有勇氣承擔。

所以說大菩薩道是幹什麼的？佛法沒有離開世間，這些事都在日常生活當中，你厭離不厭離一看就知道了。或者分配財物，或者好吃的在那擺著，或有便宜事在那，或者一個工作下來有好有壞，你專挑便宜的事去做，挑肥嫌瘦，從日常生活就可以看出來。你厭離不厭離？更不用說發菩提心度人。

要有犧牲精神

那天我和執事的道友們個別談話，第一個得抱犧牲精神，不但厭離而且還要大悲，不但大悲而且還要有智慧。有智慧了，那厭離是真厭離。我們經常說捨得不！這是布施，捨得。為什麼把得字擱下邊？你有捨才能得，不捨怎麼得？你捨得捨不得？你想得不？想得就先捨。布施是事，得是理。要想成就大事業，先度慳貪。

大家都是佛子，受過三皈就是佛子，你想想佛子該做什麼事？那你就照這個做，地藏菩薩如是做了。我們現在學習這個意思，人人都成地藏菩薩，人人都要救度六道眾生。就從我們現在共同學習，共同開始，發大菩提心，一步一步走上菩提道，直至成佛。

依《地藏經》修行 應該怎麼做

在第一品正文講集會，只有《地藏經》是這樣的情況，其他的經都沒有。無論說觀世音菩薩大悲度了好多人成佛；文殊菩薩大智度了好多人成佛；《地藏經》說得很清楚，到娑婆世界忉利天來集會，無量諸佛菩薩乃至諸天神，全是地藏菩薩教化成佛的。連佛都不知道，佛菩薩一切大士究竟好多？不知其數。但是地藏菩薩自己還是菩薩，他把別人都度成佛。

地藏菩薩他當菩薩不曉得還要當好多年，他得先把我們都度成佛，他才能成佛；我們都是學《地藏經》的，他得把我們都度了，等我們都成佛了，他到最後才成佛。

要是有這樣的想法就錯了，地藏菩薩早已成佛了，早已覺悟、早已成佛，不然他沒有這麼大的願力，也沒有這麼大的力量。

因此我們要發心，不要把他當成這是地藏菩薩的事，那就錯了，這不是地藏菩薩的事，是我們的事。他是教育我們、啟示我們要這樣做。

弘揚《地藏經》 要恰如其分的說

我們都知道救苦救難觀世音，但是釋迦牟尼佛把弘揚《地藏經》的責任交給觀世音菩薩，大家看第十二品〈見聞利益品〉；我們說《地藏經》和《華嚴經》是同等的，是大乘之中大乘。有些法師把《地藏經》貶得很低；有些法師又把《地藏經》說得很高。要恰如其分的說，看你是什麼心量，你怎麼學，《華嚴經》是最不可思議。《妙法蓮華經》是成佛的法華，你在學的時候，你以眾生心學成佛的法，成不到佛，理事無礙，事事無礙境界你達不到，華嚴也不是華嚴。

像地藏菩薩「地獄不空誓不成佛，眾生度盡方證菩提」，我們一時無法做到這樣子，只要在日常生活當中處處考慮別人，沒考慮自己，你已經就是菩薩了。你這個心跟地藏菩薩、文殊菩薩、觀世音菩薩、大勢至菩薩、普賢菩薩都是合的，你要想生極樂世界很容易，你想生哪兒都很容易，你想生娑婆世界就不是來這兒受罪，你是來這兒度眾生的。

你心裏所想的與所作的，跟人不同。例如法師宣布一件事，現在寺裡有這麼一件困難的事，哪位道友來承擔？大家一聽都往後退縮，派到誰？我幹不好沒有那麼大的能力，也沒有那麼大的智慧，每人都推卸責任，誰也不去幹。換個角度想，這事做的時候有很多好處，再說做這事我可以成道，那我先成道，讓他們都在後頭等著吧！那我來幹，就看我們的心力。

經上只是告訴我們一個方法，給我們一面鏡子照照，你怎麼樣做？有沒有這個心？我那一天就想，現在我們這兒將近五百人，把建築工程縮短一點好不好？

大家都發心想辦法愈快愈好，建好了大家可以修行，一有了建築，有的人能修行，有很多道友不能修行，他必須付出，沒付出的人，有沒有想到那付出的人？心裏有沒有抱怨？

我們不說地藏菩薩的大願，小願有沒有？哎呀！太擠了，好不舒服，或者生活上有點缺陷，或職務上分配點什麼，大家都退了。我要到自修寮，自修寮多方便，想怎麼做就怎麼做，在這裡就不行了，有沒有這個心思？

一事當前 考驗我們的願力

一事當前，就考驗我們的願力，考驗我們的修行能做到否？「不！」經是經，我是我，學它幹什麼？沒用。經是指導我們的日常生活，日常生活就能跟佛的教導相吻合，你不就解脫了嗎？作任何事的時候，不論多困難，一點煩惱都沒有，想辦法把這事情做圓滿，這種毅力就是願力。

每個人的思想不同。所以佛的要求就是能夠照佛所說的話去做，因為你的思想不同，佛的法門就有八萬四千，不只八萬四千，每個菩薩都有八萬四千，恐怕八萬四千都少了，他有無窮無盡的方便善巧。

像地藏菩薩根據他的願力，有無窮無盡的善巧，他疲厭不疲厭呢？如果諸佛菩薩度眾生疲厭的話，永遠不會得救，沒有佛法可聞。

為什麼不疲厭呢？因為這些都如夢幻泡影。

你做一切事，在最痛苦的時候，認為這些事都是假的，我為什麼要痛苦？連這個肉體都是假的，這不是自己找倒楣嗎？根本不是真實的，你把它當成真的幹什麼。特別是我們經常用「隨緣」，隨緣就是順著因緣而不違背因緣，順著因緣而能達到性空，直到性空而能隨緣。緣起諸法沒有自體都是性空，所以大菩薩發大願為什麼能不疲厭？他知道這是隨緣。

你看那演劇的人在戲臺上又哭又笑的，下了臺什麼事也沒有，因為不是真的。他知道是裝的，給人家看的，不會當真。我們可不行，把娑婆世界所有一舉一動什麼事都當真的，特別是女眾，批評妳幾句，眼淚就掉下來了；讚歎妳幾句，馬上心裏就歡喜了，都是假的。因為建立在這基礎上，那些大願大智就是這樣。

隨緣 要曉得性空

乃至於連佛國土也如幻三摩地，都不是真實的；但是在事上不能這樣講，事上若這樣講，什麼事也幹不成。那是假的，假的幹什麼？隨緣還是要很認真，隨緣把緣隨好，這叫隨緣。不是隨緣幹壞事，隨緣要曉得性空，在隨緣的時候達到性空。

有時候隨緣是違背性空的，越來越遠。眾生界就是這樣，四聖界隨緣達到性空；在你用心的時候，雖然我們講地藏菩薩大意，你要跟文殊菩薩所教導的善用其心相結合，學習的時候你要善用其心。

例如造業，眾生造業是怎麼造的呢？心造的嗎？我們每天造業都是心造的，但是造的業有善有惡，到究竟連善也不是，連善也不要了。惡沒斷的時候，善必須得有，造善業對治惡業，惡業不存在了、善也不存在，一定要懂這種道理。

你在日常生活當中，用你所學的佛法跟地藏菩薩大願結合起來，那你應該怎麼做呢？經本所教授的先不說，你一天所遇見的事，所要做的不同，那你就善用其心。善用其心，把緣隨好是很難的，為什麼很難？隨緣隨好，有時候請執事的時候，你有沒有謝絕過？當你不幹的時候，辭退職位的時候，你有沒有煩惱？辭不退的時候，非叫你做不可，你要是不做，寺裡不留你住了，那你煩惱不煩惱？有沒有這事？

在這七、八年當中，寺裡進進出出的，還是走了不少，來了也不少，有的確實定力很強，不動的。不動是不是他得到功夫？真正有修行了，真正能夠把所學到的先用到思想，之後再用到行為，這個唯有自己知道，其他知道也不見得跟你說，因為怕說了使你更生煩惱，所以就不說了，有時候當說就說，不當說的少說。

如果我們十人同住一個寮房，有幾個人心情不好，大家互相體貼，這是大願，你學佛就學到了。別讓他生煩惱，讓他能安心在這裡住。如果吹毛求疵，他就不安心。往往是因為同住道友的不安心而走，這是一種。

把佛法運到日常生活當中

把佛法運到日常生活當中，你才能夠跟地藏菩薩大願相結合。離開經文，得跟你的具體事實相結合。不過我們這裡頭也有對父母不大孝順的，你聽了《地藏經》大意要馬上轉變，這是成道的根本。

地藏菩薩的大行

第三講

發願不見得就是事實

前面略說地藏菩薩的大願，下面講講地藏菩薩的大行。

願是虛的，發了願不見得就是事實，我們每天上殿念經，都發四弘誓願，天天念，但是要滿願可就難了。地藏菩薩發的大願，經過無量無量億劫，到現在還沒有完全圓滿。發過大願之後，地藏菩薩又是怎麼做呢？有願了必須要修行。這個大行也可以念「行」（ㄒㄧㄥˊ），「行」是運動義，就是修行。像我們禮佛、拜懺、誦經、修禪定，這是屬於行。「行」（ㄏㄥˋ）是指法門說，你修行什麼法門，這個地方不念「行」（ㄒㄧㄥˊ），也不念行（ㄏㄤˊ），行（ㄏㄤˊ）是一行二行或是行業。

地藏菩薩發願之後，依諸佛所施教法門去修行，在《地藏經》第一品〈忉利天宮神通品〉，這神通本來是釋迦牟尼佛的神通。

「爾時釋迦牟尼佛告文殊師利法王子菩薩摩訶薩：汝觀是一切諸佛菩薩及天龍鬼神，此世界、他世界，此國土、他國土，如是今來集會到忉利天者，汝知數不？」

這一段經文的意思是，佛告訴文殊師利菩薩，你看法會當中這裡頭有諸佛菩薩，佛法界、菩薩法界，這法會沒有聲聞也沒有緣覺，但是有天龍鬼神八部、諸佛菩薩；當然是他世界，也有此世界、娑婆世界、他方世界，世界裏頭還包含很多國土，這個國家、那個國家，每個世界裏有很多國家。

我們這小小的地球，只是娑婆世界的一小部分。還有一百多個國家，此國土、他國土，到忉利天來集會的，你算一算有好多？「文殊師利白佛言」，文殊師利就答覆世尊，「若以我神力，千劫測度，不能得知。」「測度」就是算，經歷一千劫的時間都不能得知，究竟有好多數字？確切的數字算不出來。

佛告文殊師利，不但你算不出來。「吾以佛眼觀故，猶不盡數。」這是佛推崇這部經。佛是無所不知，推崇地藏菩薩所教化的，言其多，讚歎地藏菩薩功德的意思。今天到忉利天集會的這些大眾都是地藏菩薩教化的。「此皆是地藏菩薩久遠劫來，已度，當度，未度。」「已度」，度成佛了；「當度」，還沒有成佛；「未度」，還有很多眾生沒有得度，沒有進入菩薩地果位。「已成就，當成就，未成就。」已成就者，跟《阿彌陀經》上一樣，「若已生，若今生，若當生。」有的現在是遠因，有的已經成佛了，有的還在菩薩學位，是這樣的涵義。

這段經文顯示地藏菩薩修行所行的事，利益眾生所有做的功德不可思議。大家讀任何經，《華嚴經》是最圓滿的，都是住世法身大士，他方諸佛只是放光，或是讚助，不是佛親身來，法華會上亦如是。好多會上都不是他方國土諸佛親自來降到會場，只有在忉利天地藏法會當中諸佛親身來，但是地藏菩薩教化很多人都成佛了，他自己還沒有成佛。

「猶不盡數」，佛說不知其數，言其教化一切眾生數量之多，這是大行。他所行的利益眾生，修行的功力非常深廣，這是在《地藏經》第一品。

佛教是教育

第二品是地藏菩薩在各個世界所有化身，前頭是說所教者，這是說能教化者。教化是教育，佛教本身不承認自己是宗教，只承認是教育。

佛教是教育、不是宗教，跟宗教的性質有所不同，我的幾位老師都這樣說。無論慈舟法師、弘一法師都不承認佛教是屬於宗教，原因就在此。教育者度化一切眾生，所教化得度的有這麼多的大眾，能教化的是地藏菩薩，所教化無數，能教化者也無數，而是百千萬億不可思、不可議、不可量、不可說數，無量阿僧祇世界，所有地獄處。

為什麼加這一句話?有的世界沒有地獄，如極樂世界，東方藥師琉璃光世界、不動世界，沒有地獄，清淨佛國土很多，跟娑婆世界相類似的世界也很多。凡是五濁惡世，有污染的世界都有地獄，有地獄的都有分身地藏菩薩。前面第一品佛放光感召，分身地藏菩薩都來到忉利天宮，這是如來神通力感召來的。

這一方面於諸得解脫，從業道出者，不但他能教化者來，還帶領一批所教化者，從業道專指從地獄道出來的，這個數字也不可思議的。

「亦各有千萬億那由他數」，那由他阿僧祇，這不是我們智力所能算得到，來者還持各種的供養品，香花供養釋迦牟尼佛。

隨地藏菩薩來的，都是地藏菩薩所教化的，永不退轉，得阿耨多羅三藐三菩提。教化成佛了，當然都能登十地果位，都能不退轉；而這些被地藏菩薩所教化的，在過去沒成就之前，他們都是在六道輪迴流浪生死當中受苦，遇到地藏菩薩全得解脱，這是地藏菩薩的廣大慈悲。

這是怎麼來呢？前頭講他發的大願，深弘誓願，因為願力故，使這些流浪生死在六道受苦，千萬億那由他數眾生都能夠證得不退果位了，但是並沒有說證得阿耨多羅三藐三菩提。

在第二品的另一段經文說諸世界的分身地藏菩薩，一般佛經裏面説，叫意生身，一作意就是一個化身，一作意就是一個身，無窮無盡的作意，所有分身地藏菩薩合為一身，就是一個地藏菩薩。他在佛面前向佛說：「涕淚哀戀」，這些眾生非常的苦，我度他們很不容易。

地藏菩薩向佛表白説，「我從久遠劫來，蒙佛接引，使獲不可思議神力。」這裡沒説數量，那叫蒙佛接引，不是釋迦牟尼佛，很多佛都可以，佛佛道同吧！蒙佛接引，我才有這種度化眾生的威力，才獲得不可思議的神力，才有這種大智慧，才能夠分身在無量的處所度無量的人。

處所是無邊的，徧滿百千萬億恒河沙世界，恒河沙一粒是一個世界，把恒河沙變成百千萬億，這數字是我們的智力所不能得知，前頭文殊師利菩薩要算一千劫都不能得知。

在每個度的處所裏頭，又化百千萬億身，好比現在娑婆世界的一部分，南贍部洲，地藏菩薩的化身就很多了。哪位要是信仰、弘揚地藏菩薩的，那個人就是地藏菩薩的化身，每個世界要化百千萬億身，每一身要度百千萬億人，令一切所有眾生歸敬三寶，永遠離生死，都能夠達到證得涅槃樂。

度這些眾生讓他們成佛，一個身度千百億人，一個世界要化千百億身。我所度化的眾生，只要他們對三寶有一點點好事，恭敬三寶、敬禮三寶，聞法修習，單合掌小低頭、皆共成佛道，乃至於對佛法有一毛一渧，「渧」是指水說，水是點點滴滴的；毛是極少分的，如頭髮、身上汗毛，誰也不知道你自己身上汗毛有多少根。

對佛法有那麼一點點的功德，像頭髮那麼樣很少的，「我漸度脫使獲大利。」因為他的善根薄，所做的善事不大，那我得漸漸度脫，不能一下就把他拔掉了，使他能獲大利。這個利不是世間，而是出世間，大利是得解脫，因此希望世尊不要對末法造惡眾生，憂慮他們不能得度。

地藏菩薩在百千萬億，不可思不可議不可量不可說無量世界處，都是他分身化度眾生的處所，而現在每個世界還要化百千萬億化身，各種身相不同，每一身都要度化百千萬億人，令他歸敬三寶永離生死，得到涅槃。

度化眾生 沒有堅固誓願是做不到的

像這種大行，辛苦度化眾生，如果沒有堅固誓願是做不到的，所以堅牢地神在《地藏經》第十一品讚歎地藏菩薩說：「我所看到的文殊、普賢、觀音、彌勒，他們的願力猶有盡時，願力還有滿足的時候，惟有地藏菩薩的願力永遠沒有滿足。」

大地的一切都是靠堅牢地神維護生長，形容地藏菩薩的相同護法神，他只是護持誦《地藏經》，堅牢地神專護持地藏法門。所有無窮無盡世界，每個村落每個聚落，只要有土地廟，都是堅牢地神的化身。

這一品的大意就是說地藏菩薩的願力大，行門廣，修行法門很多。因為眾生有千千萬萬無窮無盡，各有所好，各有各的思想，各有各的情況，地藏菩薩都能夠以善巧方便，攝受化度。

第一個是大願，第二個是大行，第三個是在第四品〈閻浮眾生業感品〉講的。

第三品〈觀眾生業緣品〉是摩耶夫人請問地藏菩薩，摩耶夫人念念不忘娑婆世界，她向地藏菩薩請示的時候，都是問娑婆世界，問我們南閻浮提，而地藏菩薩答她，不是按南閻浮提答覆的，凡是有地獄處的一切世界，都是這麼答覆她。因為摩耶夫人示現念念不忘故土，地藏菩薩則什麼都是他的所化地處，沒有這樣的分別。摩耶夫人示現有情感，地藏菩薩沒有情感，第三品的大意就這樣簡略的說一說。

第四品〈閻浮眾生業感品〉是觀眾生業緣的種種差別。你所作的業一定有報，業是因、報是果，絕對不虛。因此勸我們佛弟子好好照顧身口意三業，勤修三業。經上說，你所作的業是不會失掉的，沒有作業沒有因，你不會得果。

一舉一動起心動念 全是業

所以閻浮提此世界眾生，一舉一動、起心動念，全是業，這業是指惡業方面說的，「無不是業」是指惡業，無不是業，無不是罪。你有了業就要受報，受了報在沉淪六道之中，永遠不容易脫離，時而上三善道，時而下三惡道。上三善道也有苦，輕一點有苦有樂，天道樂多苦少，人道苦樂各半，三惡道全苦無樂，無量諸苦，這些都是自己造的業，自己受的報。你有業因了，一定要得業果。所以《地藏經》上說生死業緣，果報自受。

依四教來分析，十法界有各個不同的因，成就這十法界，所得到的各個果不相混淆。如果是自覺覺他、覺行圓滿，這是佛法界。

行六度萬行是菩薩法界，業報不虛的；行十二因緣法是辟支佛法界；觀四諦是聲聞法界；修上品十善是天道；修五戒及中品十善是人法界；修下中品十善是阿修羅法界；下品五逆十惡是鬼道；中品五逆十惡是畜生道；上品五逆十惡是地獄道。各個的業因，所感的果也不同。

如果能明了因果，明白業報不虛。所以口一說話，身體一個動作，意念做個思惟，如果是造罪惡的因，一定得罪惡的果報。菩薩怕造因，菩薩畏因眾生畏果，眾生苦逼到身上他才怕，但是不怕因。為什麼呢？他不知道果是因來的，一天天打壞主意，想逃避果果必來，他要躲避又躲避不了，不但躲避不了愈陷愈深，這是精確的，也是肯定的。

為什麼不清楚因果道理？沒有學過。世間也講善有善報惡有惡報，不是不報、時候未到。他總認為可以逃脫，永遠逃脫不了的。你造的種種因，到受報時，你才想逃避，逃避不了，越逃避越增加痛苦，越逃避時越造惡因，惡因愈纏縛，永遠脫離不了。

所以要修地藏菩薩的行門，依《地藏經》，我們經常天天拜懺、發願，或者上早晚殿時都在發願，都在懺悔；不但使自己不造惡因，也救拔已經墮落受三惡道果報的眾生，給他們迴向。

地藏菩薩示現婆羅門女，示現光目女，她不是在佛前發願嗎？依著她的大願，行救度一切眾生的大行。她不是向諸佛表示，「十方諸佛慈哀愍我，聽我為母所發廣大誓願。」她發這個大願，希望佛加持度脫，讓她的母親離斯下賤，這個光目女的母親，投生到她家、給她的傭人做小孩，這還是得到光目女的救拔，從地獄出來生到她家裏頭。

她的母親向她說：「我是得到佛力才脫離地獄苦，但是我的壽命只有十三歲，死了之後，恐怕又要下地獄。」光目女在佛前發願，願讓她的母親捨此下賤報身之後，永遠不再受。對清淨蓮華目如來像前發願：願我百千萬億劫中常度眾生。所有世界地獄三惡道諸罪苦眾生，我都把他們度脫，令他們永離地獄、惡趣、畜生、餓鬼，離開三惡道，使三惡道一切受罪苦的眾生都能成佛，我方成正覺。

我們不會發願，學《地藏經》就隨順地藏菩薩學發願，我們現在做不到，拜懺也念，念《地藏經》也在念，對著地藏像前念，一定發救拔眾生離苦得樂的願。在日常生活中，使你的身口意三業，念念與善法相應，與惡法不相應，這是現在我們所能做得到的。

觀想地藏菩薩的方式

不論在大寮做飯也好，在客堂工作也好，隨便你做哪一種工作，你的心裏思念地藏菩薩或者緣念三寶，這能做得到。你把念頭照顧著，時時緣念三寶，隨時觀想地藏菩薩就在你的頂上。

觀想的方式，最初是地藏菩薩面對著你，這是救度你的；觀想之後，地藏菩薩面向外，向外的意思是地藏菩薩和你合為一體，那也是地藏菩薩度一切眾生，你也隨地藏菩薩度一切眾生。所以把那個相轉過來向外，但是必須先向內觀想地藏相。

最初開始學地藏菩薩，念念心裡這樣想，時時心裡這樣念，久而久之功力成熟了，已經離苦得樂了，你會得到無窮無盡的加持力，好多的惡因緣就可以避免了，自己隨時有感覺。如果你用久了感覺到，今天要倒楣會出一個什麼事，過去的果報或者惡業現了，那就加倍的念，念念就離開了，心裏就會很愉快。

你知道得脫了，自己會有感覺；或者晚上睡覺經常做噩夢，你臨睡覺時就觀想地藏菩薩，噩夢就沒有了，夢就吉祥了。有時把你過去生無量生所做的事情在夢中現，你自己明白，這個是我。

你若平常念的功夫成熟一點，遇到噩夢馬上就念地藏菩薩，一念就醒了。惡的境界沒有了，乃至惡境界永遠不現。或者你感覺想幫助別人或想做有益人的事情，力量不夠，當你在夢中力量就夠了，就能夠做得到。

這就是平常觀想地藏菩薩相、念地藏菩薩聖號所得的加持。有的過去跟地藏菩薩因緣深厚的，已經種過這種善根，一念一觀想就相應；有的經過很長時間，就是從今生才開始跟地藏菩薩結上緣，這個我是有所體會的。

最近十二年當中，情況就是這樣，有的勸他念地藏菩薩或者念《地藏經》，他家裏災難頻繁，好像看這惡事、惡因緣要降臨到頭上了，念念的逐漸一個一個都轉化了。

念《地藏經》轉化惡業

我有個弟子，銀行虧空九千多萬，沒辦法償還，判刑二十年。她在監獄裏頭就念《地藏經》，念《地藏經》感化典獄長，很多人跟她念《地藏經》，她只住幾年就提早放出來了，這是她的第一個感應。

她的第二個感應，她有二個女兒，大女兒生下來就是小兒癡呆症，七、八歲都不會說話，耳朵聽不見，生下來就是聾啞。第一次和我們朝五臺山，到觀音洞喝觀音水，她下來就感覺好了一點，會叫媽媽，但是言語不清，我們聽起來不是那麼清楚，但她的媽媽有感覺。

這次我到臺北去，她大女兒已經讀七年級了，恢復正常了。她認為這是地藏菩薩加持力，她有時候一天誦十部《地藏經》，還念一萬聲地藏聖號，這樣做不但今生得救、將來也得救。類似這個例子也有，例如得癌症的病人已經第三期，癌細胞擴散了，那他念念就好了，醫生已經判他死刑了不可救，沒辦法，他現在完全恢復正常。我舉這例子是讓大家生起信心。

溫哥華道友們知道一些，我們在那個地方講《占察經》、《大乘大集地藏十輪經》，他們都聽《地藏經》的磁帶，最近他們請我回去，到他們那兒再講講《地藏經》，《地藏三經》才圓滿。

他們都念地藏菩薩，都拜《占察懺》；我看我們這兒拜《占察懺》的，我在的時候還有幾位道友跟我拜過幾次，我不在沒聽過有誰在拜《占察懺》，也許有我並不知道，這是密行。現在的眾生要求現實，如果沒有什麼加持感應，他會說佛法不靈，不信了，不信就會走極端，這種例子很多。

因地不真 果招紆曲

有沒有走到相反的道上去呢？「因地不真、果招紆曲」，如果沽名釣譽、假信為名，然後招搖撞騙，那走到相反路上去了，不但不能得到加持，還得到護法神責備你。

大家在身口意當中，要特別注意。在日常生活中你的思想念念不忘三寶，地藏菩薩也勸每個人皈依三寶。你念念不忘三寶會得到心靈的加持力，加持就是你自己用的功行，又回來加被你自己，你自己的功行又更加深入，逐漸能夠成就了。

要開始學地藏菩薩，就要像地藏菩薩這樣發願，口裡也要說，心念口言，身體若能禮拜更好了，身口意三業都如是做，你得到什麼？離苦得樂。

這不一定是要專門修行，就是在日常生活中都在這樣做，如果不是修地藏法門的，修觀音法門也是一樣，念念的念觀世音菩薩也這樣觀想，這樣做一樣的。

觀音即地藏，地藏即觀音，地藏、觀音的名字經常連繫在一起。

大悲咒 觀音菩薩化現地藏菩薩

大家念〈大悲咒〉的「那囉謹墀」，觀世音菩薩化現地藏菩薩。這部經的第十二品，釋迦牟尼佛囑託觀音菩薩弘揚《地藏經》。因此你修哪一法門都可以，現在是講《地藏經》大意，專門提倡地藏菩薩。你原來自己修行的一個法門，也不用把原來的法門丟了，轉過來修這個法門，這樣也不對，法法相同。

還要經常觀想地藏像，如果能夠發心大的，地藏像常帶在身上，有時候不能做禮拜，就用觀想禮。如坐飛機、坐火車，你觀想地藏菩薩現前，我在那磕頭，做地藏形相什麼樣都可以。你自己會畫，畫一個地藏像，那就是地藏菩薩。我們前頭講的，無窮無盡化身；以為用金子做的加持力量大，木頭雕的力量小，並不是這樣子。

地藏菩薩聖德大觀的故事

大家看看〈地藏菩薩聖德大觀〉，有一個人看那個垃圾堆裏頭，好像手杖似的，前頭有個像，黑漆漆看不清楚，哎！看著好像拿個錫杖，好像地藏菩薩，就把它撿起來。他也不怎麼信佛，回家就把手杖頭上的地藏菩薩像擱在床頭前。因為他的業障害病了，在昏迷當中墮到地獄。

閻羅王審案時，就來了一位和尚，黑漆漆的，相貌很很醜陋，但是閻羅王見這位和尚就下座，這位和尚跟閻羅王說：「這個是我的護法，你把他放回去吧！」他就醒過來，病就好了。

他心想這位和尚是誰？我從來沒有供養過和尚，也沒有信仰過和尚，想來想去找來找去，看見旁邊手杖上的那位和尚，才知道是手杖上的像。這是聖德大觀裡的一段故事。弘一法師提倡〈地藏菩薩聖德大觀〉，大家可以看一看，增長信心。

隨身帶地藏像　想念自己就是地藏

這個不論彩畫形像或土石塑漆都可以，隨你的力量。現在結緣的地藏像很多，現在賣玉石店裏頭也很多地藏像，請一尊帶在身上經常想念。你一帶上就觀想，自己就是地藏。

假如你帶上一個，心裏就有主意了，不論去哪兒，哦！地藏菩薩在加持我。觀世音菩薩像也可以，或者你帶釋迦牟尼佛像也可以，隨時想念三寶，這有什麼好處呢？降伏住惡業，轉化你過去所做的惡業，不墮三惡道，雖然沒修成，多加點時間，生生世世都讓菩薩來救度你，提醒你。

皈依地藏菩薩，若有遇到老師善知識，你相信地藏菩薩一彈指頃，時間很短，皈依地藏菩薩，依地藏菩薩做你的老師。皈是皈向他、投靠他、依賴他，如果至誠懇切那更好了，這類眾生即得解脫，永遠不墮三塗。一彈指頃皈依地藏菩薩，永遠不墮三塗。

大乘佛法當中包括六度萬行，廣修布施。我們一聽到布施，好像見到和尚就是要化緣的，其實和尚不是化緣，和尚是布施結緣。布施什麼？布施是說法。布施讓他捨老的痛苦、捨病的痛苦。

布施的因緣

在《地藏經》第十品〈校量布施功德緣品〉，地藏菩薩向佛請求說：為什麼同樣的施物，有的享受一生、二生、三生之後就沒有了，有的一享受就是無量劫，這是什麼原因呢？

地藏菩薩請佛給他說布施的因緣。

大家知道「老」是不可避免的，除非你不生那就不老了，從你降生小孩那天起，一定要老及死，「老」後跟著就是「死」，就老死了，老是必定的，這是自然的規律，永遠不會超脫的。

病呢？有的常生病，有的一生都不生病，這也是果上的關係。那麼跟地藏菩薩結緣，結緣了地藏菩薩給你一種加持力，你到老了也不痛苦，還很健康，到壽命盡就走了。病是可以轉化的，我們的病有幾種，一種是身體不調，病從口入，現在我們吃的菜蔬食物，食物中毒的非常多。你所吃的東西多少都有毒，因為我們肝功能是專門化毒，一般的毒我們肝功能強就自動把毒化掉了；為什麼肝臟不好，其他毛病就多了，就是化毒功能力量沒有了。還有外面吃飲食很不潔淨不衛生，吃飲食要清淡，可以減少很多疾病，飲食要注意。

還有精神病患者、恐懼症、冤業病，還有過去作業、今生受果報了，你就受吧！過去殺生殺業過重今生一生都在害病。這個病怎麼捨掉呢？布施！布施就是捨，捨得、捨得，你捨就能得。這二字看似連繫的，其實是分開的，意義是絕對相反的。

捨了就得，不捨不得，捨得捨得，要作布施。布施對三寶說就是供養，對人來說供養他使他安樂，或者財施、法施、無畏施，看眾生的需要。

或者我們有些道友說他念經的時候，遇到一些情況，或者有些就恐怖了，特別是念《地藏經》，向我提出的問題特別多，他一念《地藏經》，或者身上發冷、發燒，或者看到一些形相，這些說法在臺灣流傳很廣，都不是正確的說法。

念《地藏經》不分什麼時間

有的說婦女、比丘尼師父晚上不要念《地藏經》，這種說法對嗎？不對。念

《地藏經》不分什麼時間，或一念《地藏經》身上發冷發燒，或者感覺害怕，各種情況都有。為什麼？因為他不懂。當你念《地藏經》的時候有很多護法，念聖號，護法就護持你，護法是有神通的，這鬼神進不了你的道場，進不了你誦經的地點。但是你的六親眷屬，你在這裡誦經的時候，他們來求你超度，或者他也來聽經。

這時護法神不擋他，護法神一看，是你的親屬不是來害你的，求你超度，他是不擋的。如果從三惡道來，你會感覺發冷，因為他是從寒處、苦難處來的，你會感覺恐怖、感覺不安。如果從天道來，他的威力強，你會感覺發熱，但是沒有恐怖感，你感覺發燒有奇異現相。任什麼現相你都不管，照常誦經，一會兒就過去了，隔幾天就沒有了。

他來是為了得到你的救度，聽你念經得到超度，這是必然的過程。有恐怖感，你念念經恐怖就沒有了。白天念、黑天念，是無所謂的，現在我們這是白天，在美國亞特蘭是夜間，你說這是白天？是夜間？時間沒有一定的。

你修什麼法門不管出什麼現相，你照常用你的功，他不會給你做危害。你讀

《金剛經》，讀讀會連自己在讀《金剛經》，或連身體什麼都沒有了，那你就害怕了。害怕就會出現相，這樣你就已經有境界了。

讀《彌陀經》，我這是說有功力的，不是你今天一讀就有。當你心靜下來，確實能讀到一心，還不說生到極樂世界，你感覺所在的環境非常清淨非常清涼，得到法喜，這現相都是好的。有些人反而因此害怕了，他沒有正確認知，害怕怎麼辦呢？不念了。本來是好的，他把它變成壞的，所以多向善知識及修過這法門的請問。

誦經、禮拜都有這種現相，能拜、所拜都沒有了，這要有相當的功力，沒有什麼恐怖。你照常拜，拜拜又都現前。在修行當中遇到的一切境界相，不要去執著、不要去生恐怖，那這樣子你久修了就有力量，但是你必須有一個正知正見的觀念，這正知正見的觀念是怎麼產生的？你讀哪一部經，哪部經都告訴你正確的方法，特別是《地藏經》，從始至終告訴你很多方法，看你依哪個方法學、修行，照那個方法去作。

所以地藏菩薩請示佛，校量布施功德，這個較量功德是說，你在行布施的時候，告訴你怎樣去做怎樣觀想，你得到利益，那就完全不同，有天淵之別。

比如一位窮苦的人，給他一件東西，或者給衣服給錢，你不是輕賤心不是可憐心，而是恭敬心，發於大慈大悲來救度他的心，這樣來布施，對他很恭敬有禮貌。你自己的身份很高，但是對貧賤人也不輕視他，這樣你的功德就大了，無量生的福報也不盡。

如果你看他很窮賤，乃至到他跟前堵上鼻子，怕聞到不好味道，然後把錢往地下一扔，雖然功德、福德也有，但是一生、二生、三生福德就盡了。

如果他本身是國王、宰輔大臣、大長者、大刹帝利、大婆羅門、大尊貴長者，是很有錢很有勢力的人，他遇到窮苦下賤人，乃至殘廢人、聾子、六根不全、說不出來話、啞巴或瞎子，六根不完具的人，這位國王、大臣、大長者他具大慈悲心，「下心」就是對他平等心，不是以自己身份尊貴心，這樣子微笑地向他來布施、供養給他。或者叫一個人去布施，囑託那個人一定要對他恭恭敬敬、慈慈祥祥這樣供養，那你所得的福德就大些。

如果像三寶弟子或比丘、比丘尼布施他，我們感覺沒有能施人、也沒有所施物，更沒有受施者，那就是三輪體空，你是聖者了。

你得到無得，無得而得，那得的功德不可思議，你沒有計較功德相，什麼都沒有，這是上等的功德。所以布施情況種種不同，或者供養醫藥的，你自己就少生病；供養飲食的你不會挨餓；所有的事緣你供養眾生什麼，你在這上頭會得到不可思議的福利功德。

行布施度　以法施為重

菩薩行布施度的時候，是以法施為重，以法布施為最上等。大家都讀過〈普賢行願品〉，你累積多少世間財寶，都不如你對他說幾句法，給他念幾句佛號讓他能得度。

我在北京的時候，法源寺有位老師父，他自己也有個小房，還不是小廟。那時不許有小廟，他自己住著，還有幾間房子，都是他自己的。他看見一個老太太帶著小孫子在街上討口，他感覺很可憐。那時我在法源寺中國佛學院教書，他住在常住，他一個人住三、四間房子很寬的，想把那兩祖孫收下來。

他跟老太太商量：「老太太啊！妳讓小孫子跟我出家，妳可以到我那住，不要在街上討口了，我可以養活你們，你可以照顧他。」這老太太瞪他一眼說：「我們討口夠倒楣，還跟你去當和尚。」我跟這道友說：「你後來有沒有再說什麼？」他說：「我就沒有再說什麼，趕緊走開了。我怕出問題，就走開了。」

大家想想看，這就是他的業，明明是件好事，他的業把善緣障住超生不了。我們諸位道友看很多事情好像很簡單，其實非常不簡單。如果對老人、對病人，能跟他說幾句法，勸他念念地藏聖號，讓他信、讓他減少病苦，把地藏的功德跟他說一說；他信了，他也跟你念地藏聖號，不但減少病苦，他就得度了，再不墮三塗了。

怎麼樣修行願行

第四講

很多道友出家受戒或住幾年佛學院之後，經常生起這麼個問號，怎麼樣修行？

大家都聽過經，每部經都有修行的方法，只是你沒有深入去學，或者修觀或者修事相的修行，像禮佛拜懺本身就是修行。我們上早晚殿乃至過堂都是修行，完了我們做佛的事、種種供養，如果你觀想這功德不可思議。大家聽〈普賢行願品〉十大願王的第三大願，就是「廣修供養」。

作佛事時　要修地藏的行願

《地藏經》上教導我們修行的方法，第一個是在做佛事的時候，要修地藏的行願、要造一切的善因，《地藏經》都這樣告訴我們。

例如我們剛講課的時候，大家靜坐下來一、二分鐘，你就設一個供養修行，不是讓你拿香、拿花、食品、衣物，拿這四樣來供養，而是用您的觀想力來供養，甚至十大願王的「普皆迴向」，迴向本身也是供養。聽經之前迴向、聽經之後迴向，這就是修行，時時用你心的觀想力去修行。

在我們講《地藏經》的時候，地藏菩薩他在因地當中，在佛像前，不論婆羅門女、光目女都在佛像前作供養，供養就是發願，發什麼願呢？救度眾生。雖然是救度她的母親，她的母親墮到地獄去了，也是三惡道眾生，要發願度眾生。

如果我們不知道怎麼發願、怎麼迴向，就看看地藏菩薩的教導。他說：「十方一切諸佛慈悲哀愍我，聽我為我母親緣故，發廣大誓願救度我的母親。」這是發願了，讓她的母親「永離三塗，及斯下賤。」

這是光目女說的，因為她的母親墮三塗之後，又生到她家中做僕人的小孩，這叫卑賤女人，壽命只有十三歲，完了又要死，死之後又下地獄。她就發廣大誓願，救度一切眾生，讓她的母親以後再不受女人身。

光目女發願自今以後，在清淨蓮華目如來像前，請佛證實，在以後百千萬億劫當中，所有世界、所有地獄、所有三惡道諸罪苦眾生，都誓願救拔。「誓」比「願」更深入一些，發誓就是詛咒的意思。誓願令離開地獄、離開三惡道的惡趣、畜生餓鬼等。這些罪報人，我把他們都度了成佛，方成正覺。

地藏菩薩這樣發願，各人的願力不同，各人的想法也不同。如果你想要像地藏菩薩這樣發願，那永遠成不到佛，因為地獄永遠不空，其實並不是這個意思。等你到了地藏菩薩所證得的程度，那時候你就知道地獄是沒有的。度眾生沒有眾生相，我們在有為法中一定得觀想無為，一切法本身就是無為，凡是有形有相有言說，都無實義，都是虛妄的，如夢幻泡影。

明白因果 業報是不虛的

但是在你的業果當中，明白因果業報是不虛的，不過你證得體性空，一切業報都空。但是有時候就事上講，理含於事；有時候就理上講，理攝於事，在你學修時這兩種觀想都要有。因為我們現在想學地藏菩薩，在地藏菩薩開始所發的願，我們也如是學，心裡也如是思惟，口裡也如是說。

學地藏法門，基本上都要供養地藏像，要發一個救度一切苦難眾生，這麼一個願，願即希望一切眾生都不要受苦，都離苦得樂。因此在日常生活當中，你口裡所說的、身體所做的、心裡所想的，都依佛的教授教導，教育我們的方法，這就跟善法相應了，這是第一種修行，設種種供養。

對著佛像發願

第二種修行就是對著佛像發願，不一定超度母親，如果你母親還在世，願她健康長壽，早聞佛法，在生死當中就能修行。

「事」，你可以隨時改變，有什麼願力，你可以加進去，隨時可以發，這也是菩提心當中的大悲心。你知道這些地獄、餓鬼、畜生他們的苦，你要生厭離心。你能夠如是生厭離心，能夠如是發願，這裡頭就含一定智慧來指導；如果沒有智慧，厭離心生不起來，那你對世間五欲就生貪戀心。當你對五欲生貪戀心的時候，若能對地藏像前或對佛像前至心懇切，說自己無始惡業發現了，意裡的壞思想，身體還沒有造作，如果身體正在造作要馬上截止，口裡如是說，那你所作的惡業馬上停歇下來。

這個方法可以用來對治念經時的昏沉，你可以這樣對著佛像發願。「昏沉」與「掉舉」這兩個是相對的，不是昏沉就是掉舉，這兩個是我們修道修行的最大障礙。在我們初開始的時候，心不定，不是昏沉就是掉舉。掉舉就是散亂，身掉舉就是亂動、口掉舉就是亂說、意掉舉就是散亂、胡思亂想。

對治煩惱 千萬莫回憶過去

我們要想對治煩惱，以我個人的體會，最好方法就是把過去忘掉，千萬莫回憶過去。我們現在出家受了大戒，在清淨道場裏修行，以前家庭社會上、前生的事都忘掉了，不要再回憶。

你經常做夢，夢是什麼？過去那些事情的影子，多生累劫的，不是現在一生，你忘不了。過去心本來不可得，一定要把它拉到現在來回憶，這一回憶就產生很多煩惱。哎呀！我那時候不應該那麼做，若這麼做就對了，哪樣做都不對。如果能這樣，你可以減少好多的煩惱。第一，過去事忘了，未來的事也不知道。你不是事先打很多主意想很多辦法，那事情不是像你所想像那樣做的。到時候你也不知道，想了半天結果那事情不是那樣子的，那就是未來心，未來的還沒有來，也不要去推斷。

未來事不知道還是好一點

有的人要求神通，想知道未來事，我說不知道還是好一點，你知道那苦難就多了，因為沒有力量能轉變。你如果知道再隔十天要進監獄，苦惱不苦惱啊？你想逃避都逃不了；若知道你這幾天要死亡了，你忙的要死，這事沒完那事沒完，你想結束一切事情，那是不可能的。乾脆不理，你不知道還好一點。所以用不著想，想完了沒辦法解決，不能按你想像的來辦。

佛在《金剛經》裡說：過去心不可得，未來心不可得，現在心不住也不可得。如果三心了不可得，你還有煩惱嗎？什麼煩惱都沒有，這都是修行的方法。

多做供養

你用這種觀想力，還是不能入也不能夠一時成功，怎麼樣呢？多做供養，最好的供養是意供。我們現在在廟裏修行，你沒有什麼錢，也沒有掙錢，你買些花供上兩三天，花就謝了死了，花最多放十幾天就謝了，心裡的這個心花，隨時供隨時都有、永遠不會壞的。

你認為這個是真實的，我認為這個是假的。我認為你心裡的供養是真的，意供是用普賢供，用觀想力來供，盡虛空徧法界，人人都做得到、誰都會想。想香花果品、衣物、用最先進的物品，我們此土供養衣服還少，你得想到新衣服先供養佛，你心裡想佛菩薩能穿嗎？能穿我這衣服嗎？不是這個意思。

先供養佛　供養大衆僧

凡是得一件好的東西，先供養佛，供養大眾僧，這是意供，利益非常之大，這是供養修行。還有發願修行，造像修行。造像並不是要畫得很好，你能畫或者用金銀銅鐵，土石膠漆能夠做出地藏菩薩像就可以。

觀想佛像就住在你頭頂上

昨天講的「地藏菩薩聖德大觀」，他撿一個木頭黑漆漆的地藏像都可以得到加持，他還不是怎麼心誠！像我們要修行，經常觀想佛菩薩像在你頭頂上，你修文殊法就觀想文殊菩薩，修觀音法就觀想觀世音菩薩，觀想像在你頭頂上，修地藏法就觀想地藏菩薩。

先是加持你，在你的對面，像對著你；然後再觀想像就住在你頭頂上，向外跟你合而為一去度眾生。現在我們玉佛像大都是銅鑄、泥塑的，你去拜，但是你得發願，不發願只是生善處、不墮惡道而已，如果發願就是行菩薩道，就是成佛。

像你這種觀想，先觀想菩薩來度你，觀想觀音也可以，地藏也可以，經常這樣想，隨時走路都這樣想。看到地藏菩薩、文殊菩薩來了，你觀想久了，你的意念隨時都有諸佛菩薩護念你，這是心力的關係，這就叫修行。另外沒有什麼竅門。身口意三業常時這樣的觀想。

《地藏經》上說，你皈依地藏菩薩，皈是歸順、回歸的意思。這個意思很多，看你怎麼想，說我過去已經造業，那條道走的不對。我回來了，也是皈依的意思，迴向善處。

我們在三界中無依無靠，你的父母六親眷屬都靠不住，誰也幫不了你的忙。

當業障發現，誰也幫不了你的忙，你皈依地藏菩薩、觀世音菩薩，皈依哪位大菩薩都可以，看你自己的緣。

皈依的時間有好多

我們講《地藏經》就皈依地藏菩薩，皈依的時間有好多？「一彈指頃」，這時間太短了，一秒鐘都不要，一彈手指頭這一念間，這心裡頭向著地藏菩薩、皈依地藏菩薩，「地藏菩薩我依靠您，您救度我吧！」你心裡就這麼一念間，功德如何呢？你可以解脫三惡道，解脫即是自在了。不受三惡道的拘縛，乃至經常如是觀想地藏菩薩住在你的頂上，那你就更不可思議了。不只解脫三惡道，六道輪迴你永遠解脫。你逐漸修行也行菩薩道，你會成佛的。

廣修布施，以下分了好多類，不用看經文大家都曉得，有很多都可以布施。前幾天大家放生，放生本身就是布施。救牠的生命布施，這叫無畏施。牠在生活恐怖中深怕人家抓住，無論任何小動物，只要你去逮住牠，就會跑的，願生不願死，一切動物都如是，所以要布施無畏。

捨得 捨得

布施就是施捨的意思，我們經常有句俗話，「捨得！捨得！」說你捨得捨不得？這兩個字是相對的，捨了是沒有，得是得到。因為你捨才能得到，捨三惡道得佛道、得三善道，乃至得四聖果地；不捨，不得。你認為煩惱捨掉了，或者有人思想產生懷疑了，煩惱還能捨嗎？不去攀緣、不隨它增長，自然就消失了。煩惱能捨的，越追求多越想得到，越得不到越煩惱，乾脆不想得，什麼也不想得，無得什麼煩惱也沒有，得到的是煩惱。

如果我們求菩薩，得到也是煩惱嗎？菩薩是覺有情讓一切覺悟，有覺悟的人他所得是什麼呢？三輪體空。所以《金剛經》說：乃至得阿耨多羅三藐三菩提，無得無修無證，那才究竟。

布施的涵義非常廣，什麼布施功德最大？地藏菩薩在《地藏經》第十品，向佛請求。他說為什麼在世間上布施同樣東西，所得的效果不一樣，這不是因果相違嗎？佛才跟他解釋，布施是從心裡說、從事物上說，從當時你做這個事情是什麼心情，當時的情境又是什麼？

例如，布施老病。老本身就是痛苦，如果你幫老人一下，你看許多老人走路走不動，拄著拐杖橫穿馬路的時候，車子又那麼忙，那你扶扶他，照顧他一下，老人是需要人家的幫助。

這種事情現代人做得很少，連自己的父母老了都不願意照顧，何況是別人，他還會去照顧？當他病苦時，正在八苦交煎的時候，你能幫助他，給他心靈上得種安慰，因為地藏菩薩這樣請求，佛就跟他說：「地藏啊！在我涅槃入滅之後的未來世，那個時候的社會情況很不同，大多數的富貴人驕傲，看不起窮人，分別心特別重。」

無論哪個社會，法律有多好，階級還是很嚴重的。我在美國，有一位弟子說：「美國什麼都是平等，總統坐的轎車，我也能坐。」我說開玩笑，「總統的車你去坐吧！」他說：「我可以買一部像他那樣的車。」我說：「總統的軍用一號飛機，你去坐吧！」國家一年派遣多少安全人員保護他安全，你有嗎？不可能。任何國、任何社會、任何的時候都不可能。總統的心理就是憍傲，「我就是跟你們不同。」

如果真正有那些國王、婆羅門、長者、尊貴者看見老人、病人、或者生產婦女真能幫助他們，生起一個大慈悲心、沒有驕慢心、令他們生歡喜，真正照顧這些老病的人，或供養他們衣服、飲食等，他們得快樂了，這個福利不可思議。

佛跟地藏菩薩說，他放下尊貴身份，特別是對病人、老人、生產婦女，對他們照顧。不只說是飲食、醫藥、臥具、其他所需要，他需要什麼我能幫助他們，給他安慰，這本身就是修行。這是依《地藏菩薩本願經》去修行。

布施貧賤

第二種布施貧賤。佛又告訴地藏菩薩說，單指南閻浮提這個國土，要是一位國王、宰輔、大臣、大長者、大刹帝利、大婆羅門等，在現實來說，這些人坐在汽車高速公路上飛跑，在城市的因緣很少了，他所住的地方警衛森嚴，貧賤人能到得了嗎？病苦人更到不了。布施貧賤的因緣很少，或是他表演一下，到紅十字會、到醫院去，特別是百年不遇的事，那也不是他施，而是拿國家財物去施，私人的都不肯布施的。

假使有的話，國王、宰輔大臣、大長者、大刹帝利、大婆羅門，這些人對貧苦人、窮人、或者殘廢人、聾子、瞎子、瘸子趴子種種六根不全的人，國王、宰輔大臣、大長者、大刹帝利能夠給他們做布施、供養他們，布施時的態度非常溫和。「下心」就是心裡很平等、謙虛、以大慈悲心親手給他偏布施，假使派人施，也要告訴這個人要輕言細語，安慰這些受施者。

布施塔像

還有一種是布施塔像。在印度說塔像，在我們這裡說寺廟，我們的寺廟本身就是塔。塔毀壞時或佛像毀壞殘缺時，甚至菩薩、聲聞、辟支佛等像，四聖法界你給他修補、布施、供養，把佛像修好，或佛經殘缺不全把經書補上，請人家修補或者抄寫重新整理一下，這個功德不可思議。

這個不可思議的功德建立在什麼上？建立在你的心上，不是建立在事物上。如果你以尊敬心、至誠心去做這件事功德就大了。如果是輕慢心，乃至以為自有財富向一般人施捨，那種功德就小。

修補塔廟、經典佛像，地藏，若未來世諸國王、至婆羅門等，遇先佛塔廟，或者見經像毀壞破落，你能發心修補，是國王等或自營辦，或勸他人乃至百千人等布施結緣。

修補佛像的故事

我在臺灣遇到一位道友，他也算是做修補佛像，特別是山西石像被盜走，賣到世界各地，這位道友全部收集了。最初他在臺灣收集起來，開古董店，當古董賣，還準備賺一筆大錢。因為他的兒子娶一個信佛弟子的女兒，他也就跟著信佛。這個人以前在加拿大溫哥華皈依過我，因此他把這些佛像重新送回大陸歸還，打這時候就開始信佛。

我這次到臺北，由他的親家帶來，因為有這麼的因緣，他開始學習拜懺念經。我說：「你供養這些像返回原地，增長福德，現生你就能得利益。你又能夠學《地藏經》、《心經》、《金剛經》，漸漸信佛皈依三寶，現世還不算，未來的福德，那看你的心量。」

當時他感覺，這是把祖先遺物歸還了，就是這麼個心理；如果能當成三寶諸佛菩薩，再深切體會，感覺人家是出佛身血，你把他還原了，那樣的功德就更大了。之後再念經，使佛像能夠還原，這事看來好像人人能做得到，很難啊！

寧捨生命 也要護持佛法

好多寺廟的藏經毀了，被蟲吃了。過去寺廟每年六月初六（舊曆）的夏天都要曬藏經，很恭敬的一函一函請出來，曬完再安放回去，現在寺廟好像不太重視。很多的事物，看著是對的，要有勇氣。我說這個意思是什麼呢？對佛有信心沒信心，就看你的護法心如何？這個就是護法心。寧捨生命也要保護護持佛法，我們佛弟子如果都能這樣爭氣的話，那破壞佛教的他就會考慮一下子，雖然是他受一點兒傷害，但是對於維護佛教的這種勇氣，會使他得果報的，現在他晚年的處境很好。

好多事情現世現報，現在好多事情做了就現報，為什麼？世局的環境太惡劣了，好多事情現世現報，你信也好、不信也好，事情就是這樣子。因此你修補塔寺修補佛像、修補經典乃至維護，功德是無量的。

大家都知道房山石經，當時由中國佛教協會承辦這個九個洞，把部分經版請到佛學院來，現在又都奉還原洞裏。我説這個的意思是，古來大德怕未來的經書毀滅了，都刻到石頭上，一代傳一代、一代傳一代，刻了好幾百年。因此修補塔寺、經典、佛形像、諸菩薩形像、聲聞緣覺形像，功德無量。現在佛像氾濫成災，在臺灣街上賣的吊香、蠟燭封面都是有佛像的，觀世音菩薩像最普遍，完了他把東西拿出來，當垃圾丟掉，那上面都有佛像。

有好多道友問我：這些佛像如何處理？或者印佛經印的相當多，堆在那裏爛了不知如何處理？我也不敢答覆，也不敢叫他燒毀。燒毀我就滅法，那他要怎麼處理？修補沒有這個力量，佛像大家都不想要，你修補好的送給誰呢？大家如果遇到這種事，不要把佛像都印上去，要把佛像當成莊嚴具，隨便的畫，乃至日用杯子上、甚至廁所、瓷盆的桶都畫上佛像，絕對不可以，這叫末法。

不要把佛像當成廣告

懂得這道理了，盡我們的一份力量，不要亂印經典，千萬不要把佛像當成廣告，遇緣了能盡一份心力，勸他們不要這樣做，這也是功德。

這是第四種，修補塔寺、經典、佛像的功德。這是佛對地藏菩薩說的。像我們印什麼東西，當中好多是有佛像的，隨便亂丟丟到垃圾裏，還不如你先燒了，把它變成灰還潔淨一點，這是一種。

但是這種過失很多，毀廟毀經典毀佛像的事情非常多，我們想做這種功德或是做這種修行，如果遇到了好好供養，把他恢復原狀，打整清潔地方，放一個乾淨處所，那也是功德無量。

佛教是教育的方法

其實佛教都是教育的方法，不是宗教、迷信，把佛教當成宗教，有很多法師不同意這種觀點；我們不屬於宗教，而是屬於教育方法。在西藏叫教授，教導一切世人、眾生改惡向善，純粹是教育的方法。

再說到佛教迷信，例如說六道輪迴，說鬼道，有很多人不相信鬼，說沒有，如果沒有的話，佛絕不會說有鬼道。鬼道比人多，人死才變鬼，你只知道人死變鬼，螞蟻死了是否變鬼？當然恢復鬼道去了，馬牛羊雞犬豕一切畜牲，魚鱉蝦蟹海裡動物比人多多少倍。他那個報身脫了，還沒有超生時也是鬼，鬼道比人多。

章太炎的故事

講個真人真事的故事給大家聽聽，我是聽弘一大師講的。在清朝末年、民國初年，袁世凱要起洪憲，他把造反的有名人物都抓去關起來，章太炎是知名的國學大師，就把他關到一個寺廟裏去。（按：章太炎先是被軟禁於北京龍泉寺，後遷往錢糧胡同，鄰近大佛寺，可參考「古春風樓瑣記」第一冊。）

那時章太炎心情很不好，妄想就多了。有一天做一個夢，夢見來了很多人請他去鬼道當閻羅王，到天快亮才把他送回來，一到晚上又把他請去，把他累的要死、不能休息。

他回來跟廟裡老和尚說：有美國人、歐洲人，什麼都有，案件特別多，堆起積累簡直忙不過來。他案桌上堆的案件，忙了一夜，回來疲勞的不得了，醒了一點精神也沒有，一到晚上又拉去。他問老和尚：「有什麼方法，可以讓我脫離這個苦難？」

老和尚說念《地藏經》，他就開始念《地藏經》，一念《地藏經》當真就沒有了，再不來請他當閻羅王。這是弘一大師講的故事，是因為《占察善惡業報經》的緣故，我們才談到這個問題。

你看《地藏經》地藏菩薩百千億化身，自從這十幾年來學地藏法門，接觸很多人，也有很多的實事，要怎麼理解呢？不是我們信與不信的問題，而是你怎麼樣去理解。

現在《地藏經》專門講地獄，這個地獄、那個地獄，都是地獄名詞，而且是佛說的。在第五品〈地獄名號品〉，普賢菩薩問地藏菩薩，讓地藏菩薩說地獄名號。

大家都知道普賢菩薩的果位是什麼？《華嚴經》〈普賢行願品〉，普賢菩薩那種大智慧難道不知道地獄嗎？他為什麼要地藏菩薩說呢？這些大菩薩互相演暢，讓我們生起信解。

《華嚴經》與《地藏經》是同等的

有好多大德判《華嚴經》與《地藏經》是同等的，都是事事無礙的境界，那些地獄只是度你生起一種怖畏心別去造惡，如果造惡的墮下去，你的苦難無窮。

但是必須有緣！只能度一部分，全部度是不可能的。如第八品〈閻羅王眾讚歎品〉，閻羅天子向佛請求：地藏菩薩那麼大神通，度了無量劫怎麼還度不盡呢？看見好多度脫出去不久又回地獄，為什麼不永取解脫？

這說明眾生的業，這個業如果不是遇到三寶加持力，用三寶功德轉變地獄惡道、餓鬼、畜牲道的痛苦，你怎麼能脫得了呢？不是回來又回去、回來又回去。善事裡又夾著惡事，惡裡又夾著善，善惡交雜。

假使只作善不作惡，就不複雜了，他就可以再不墮三惡道了，我們遇到《地藏經》稱一聲地藏聖號，乃至見地藏像禮拜一次、供養一次，就能永脫三塗了。

能見著地藏菩薩像不是那麼容易的事情，但是我們聽到了一天念多少遍《地藏經》，感覺沒有什麼，很容易。

地球上現在將近六十億人，信佛的有好多？信佛之後而能信《地藏經》的又有好多？有許多佛弟子、三寶弟子乃至出家二眾，認為《地藏經》盡說鬼的事，誰看？還不說讀、供養，連看也不願意看，他能和地藏菩薩結緣嗎？不可能。往往看那個事情很容易，我們信三寶、皈依三寶，一天念經拜懺禮佛，很容易嗎？你不曉得多生培育的因緣。你得遇到佛法僧三寶加持，皈依來學法，你看看那些不信的是什麼樣子？謗毀的又是什麼樣子？乃至拿人類揀擇一下子。光說人，能相信《地藏經》稱地藏聖號的，那真是少數又少數。

迷就不能信

遇到三寶就謗毀、燒毀、破壞，更造罪了，他信嗎？他不承認這是教育，認為是迷信。

我跟人家辯論，他說：「你們這是迷信。」我說：「我沒迷才能信，你是迷了不信。」迷就不能信，迷了怎麼信呢？他說：「那你是精神病。」我說：「我的精神沒有毛病，才能信；因為你的精神有毛病，所以不信。你認為這是奇怪的事；我認為這是正當的事。」

「見」就是看問題的看法，他的認識論、他的認知上有問題，那我們學到了遇到了，這是很平常的事。

這幾天我們看見小班剛發心出家的，在那兒勞動，她們在家裡絕對不幹的。像那天她在這兒作，一點一點的幹得非常下心，要把水泥澆在石頭上很不好下去，她一點一點很耐心的。我看她只有十五歲，我問：妳十幾了？她說：「超數了！二十五歲。」哎！嚇我一跳，妳都二十五了！「是呀！」我看妳只有十幾歲。這是妳信佛了之後才進來的？妳怎麼來的？：「我媽媽送我來。」我問：在家會幹這個嗎？「不幹。」那妳為什麼到這兒幹？她說：「修福吧！」

在家裡她絕對不幹，為什麼呢？大家參考一下，妳們都經過這個過程，我們出家入道的因緣，真是千差萬別。

作佛事的疑義

像我們那個時代，一發心出家就出家了，也住過佛學院，我個人感覺自己不是個好和尚，沒上過殿、沒過過堂、不會打木魚也不會扣引磬。像作佛事，人家跟我講放焰口，說：「師父！我們這兒缺一個人，你給我們湊個數？」我說：「幹什麼？」他說：「作佛事。」我說：「作什麼佛事？」他說：「放焰口。」我說：「我沒看過啊！」他說：「哎！你連放焰口也沒看過？」我說：「沒有看過，人家放焰口，我絕對不去。」他說：「為什麼？」我說：「你們放焰口都是夜間放，那時候該休息了。」

我自己感覺到是不夠當一個僧人的資格。有的說當一天和尚撞一天鐘，當和尚不會扣木魚、引磬很奇怪吧？我就不會。不但我不會，我的師父也不會。因為我的師父不會，我才不會，弘一法師我也沒看見他扣過引磬，慈舟老法師也是。他們都是三十、四十歲才出家，我遇到這幾位師父都如是。

大概是前生因緣吧！一切事物都是這樣子，那一類的人跟那一類的有緣，就聚合到一起。弘一大師出家之後，自己閉方便關；慈舟老法師出家之後就是住佛學院，先住佛學院而後就當法師、辦學，他一直辦的是華嚴大學，住佛學院，月霞老法師不是在常住裡頭辦的，而是在哈同花園辦的，那不是常住，而是租幾間房，大家在這裡念書，也不上殿也不過堂，吃圓桌一個桌坐八個人，就是這樣子。這就是因緣所生法，每一個人的因緣都不同。

佛教是教育的方法

第五講

教育的對象是一切衆生

上次講到佛教是教育，教育的對象是一切衆生，但是以地獄衆生最苦，一點快樂都沒有；其次是餓鬼道衆生也是純苦、沒有快樂，畜生道就不同了。我們看見最苦畜生也有很幸福的畜生。所以這個教育是平等的，衆生類別同一類的，他也不同。

說衆生，也有很快樂的衆生，大家可能不太相信。再說人道，人道也是苦樂參半，有快樂的時候；至於天人快樂多、沒有痛苦，六道衆生不一樣，但是以地獄道衆生最苦，純苦無樂。畜生道的樂，大家出家前、後可能到過動物園，動物園養的畜生是很快樂，大家知道豬很苦吧！最後一定挨一刀被殺死，豬也有快樂的時候，你看豬吃飽了四腳一伸，在豬圈一倒睡的打鼾，牠認為那時候很快樂。

我所看見的馬，乃至印度古時候國王騎的象叫香象，一頭象幾個人伺候牠；我在西藏求學的時候看見達賴的馬，他從來不騎，出門是坐轎子；但是他還養馬準備騎，一隻馬二位馬夫給馬當奴才，給馬洗澡。我去的時候，正好貝母不能出口到香港，那馬就吃貝母，貝母是名貴的藥材，那馬簡直太享受了。還牽著到羅布林卡(達賴的園林)去散步，這隻馬比很多人過得好。畜生也有福德的不同，有快樂的、有痛苦的。

大家想想地獄，我們都是受過了，受過忘了，不忘那麼苦死了，想過去的苦會把你苦死，幸虧忘了，忘了就不苦了。所以地藏菩薩在地獄中專門教育眾生。

供養塔廟

現在我們講供養塔廟。

廟即寺廟，一進門就是天王殿、彌勒菩薩，這有教育的意義。塔，在那地方不動的建築，有印度的佛塔，有緬甸、泰國的佛塔，各個地區的塔都不一樣的；但是原則上差不多，塔即是廟，有的寺廟建築是塔的形狀，像我們這個殿就是建築塔的形狀。

說到天王殿，天王殿的學問不簡單，當天王殿的香燈師或殿主師，我們這些同學當中夠資格的很少；那不是燒燒香、點點燈、打掃打掃清潔而已，不是這個意思。人家到這裡來有些問題問你，特別在城市，你跟他解釋為什麼中間供養彌勒佛，笑呵呵很慈祥，四邊站的四位天王可不簡單，奇形怪樣嚇人的不得了，請你講講。你若沒學過還真的講不出來。為什麼彌勒菩薩總是那麼笑，肚子又那麼大？你看坐著也不動，誰來都是平等接待，你能講得出嗎？

特別是普壽寺，從天王殿進來是個講堂，講堂的後面是個普光明殿，一般寺廟很少見到普光明殿，知道普光明殿嗎？要講普光明殿恐怕得三年。

你們笑呀！你再學五年也講不出來，不信你想一想。普光明殿在《華嚴經》上有一會、二會、再會；有的是一會、重會、再會，三會普光明殿，普光明殿在《華嚴經》講的很深入。

香燈師、殿主師若不是學很久的沒法講，這都是天王殿的教育。完了才講到地藏菩薩的教育，因為這裡是講地藏大意，講大意我就跟大家談一談，多了解一些，這也是我的經驗。

我在南普陀寺，有一位廈大的老教授，他盡跟我們和尚作對，不是挑鼻子就是挑眼睛，他到天王殿，問我們殿主師的小和尚：「你看這位老和尚總是笑，他笑什麼呢？肚子又那麼大，一天什麼東西也不吃，他不餓嗎？」我們這位殿主師光笑沒法回覆他。「這四位那麼凶，這是幹什麼的？你們這裡不是善地嗎？你們不是講教育嗎？這有什麼教育？供這些幹什麼？」

凡是我們所供的像都是讓你學習的，供佛讓你學佛、供菩薩讓你學菩薩。他問的是不錯，他不只一次到我們那兒搗蛋，還搗蛋了很多次。

好比他看見我們寫宣傳的標語，「若人入於塔廟中，單合掌，小低頭，皆已成佛道。」這是參考《法華經》原話改寫的。

他碰見我們小師父，他說：「單合掌就是這樣子，小低頭就點點腦殼。我到你們廟裡來，我都很恭敬雙合掌，有時候也到殿裡磕個頭，不是小低頭，你們這兒寫的皆已成佛道，我現在還沒有成呀？寫錯了，跟那老師說改一改。」

問這個問那個，小和尚最後領他到我這兒來，那時我在那兒辦理閩南佛學院，當教務長。他說：「你們那小和尚還不承認錯誤，這不是寫錯了？」我說：

「沒有錯，是你錯了！」「我錯了。」

我說：「我們這兒寫的不是指你，也不是指我們現在的人說。過去的大德，他因為到寺廟裡，單合掌，小低頭，他已經成佛走了；你今天來了，也能單合掌、小低頭，你一定能成佛，但不是現在，我們是這樣解釋的。」

彌勒菩薩笑誰

後來又談到天王殿的問題，他說：「天王殿，那是什麼現相？」我說：「是教育。」他問：「彌勒菩薩笑誰啊？」我說：「笑你！」他問：「笑我什麼？」我說：「無知，你認為自己很懂，其實你不知道。他是很平等的，他笑天下可笑之人，你不求解脫不求了生死，一天造業，他不笑你笑誰！」

他給你做個形象，他肚子那麼大，容天下難容之事。很多事我們容不了的，你給佛，他無所謂都容得下，管你好的壞的，我都給你們裝起來；再說，他對誰也不討厭、對誰是都平等。

老教授來了，他對你是一樣的，對於門口那位殘廢人，天天在門口蹲著要錢，對他也是一樣的，把他跟你看的是平等平等。這就是大慈。

他用慈心愛護一切眾生，永遠對你微笑，這是供養布施給你讓你心裡常生歡喜心，所以塑這個形象。讓每個人一進到寺廟裏，看見他生歡喜心，就這樣教育你。

四天王天的涵義

他問：「那四個像怪物的是什麼呢？」我說：「那是我們佛教的護法，東、南、西、北四個天王。」「你們講十法界，他們是屬於哪個法界呢？」「天之尾、鬼之首。」

他又問：「什麼叫天之尾呢？」在天上說，四天王天是第一重天，到天上他是最底層的天，在鬼他做頭專管八部鬼神眾，每一個天王統領兩部鬼神，凡是鬼神都歸他管，因為他是護法。

東南西北都有他的涵義，別看像，得看內容。東方天王是持國天王，為什麼叫持國天王呢？讓你負責任盡本分，他教育你，要負責任盡自己本分做事。南方天王叫增長天王，你光盡本分盡責任還不夠，苟日新日日新又日新，還得增長，你所做的事業隨時要增長；現在科學再發達，還可以前進再前進，人也非得到成佛究竟，達到目的了就增長。怎麼樣才能增長？西方廣目天王，多看多學習。北方叫多聞天王，多聽多聞，增長你的智慧、消滅你的業障。

四大天王本身就是教育的形象，任何一個人、任何一件事，必須經過多看多聞，你的知識面才廣闊才豐富，這樣做事情才能做的很圓滿，這就是教育的意義。

同時他還護法，這就說到形象；再說供具，香花燈塗果茶食寶珠衣，看這十供，供養的內涵可豐富了。如果你看〈地藏經科目注〉，供具講的很多。如果還不夠詳細，你可以看〈華嚴疏鈔〉講供具，天上如雲如雨的香花，什麼意思？花是給人看的不是給佛菩薩看的，香是人聞的，不是佛菩薩聞的，你懂得是什麼涵義嗎？

香的涵義

當你供香的時候，你先想到戒定慧香，或五分法身香，戒、定、慧、解脫、解脫知見，這叫五分法身。當你一燒香一觀想就知道，要具足戒定慧、得到解脫，還要有解脫知見。

「香」的涵義很廣，不管是什麼香皆表戒定慧真香，大家看香盤上寫的戒定慧，持戒修定得般若智慧，這時候才解脫，從解脫而得正知正見，成佛知見。怎麼樣才是真正解脫？就是供具。那個香盤上，香供完了就供華，華表什麼呢？因，表萬行因華。華是因，嚴一乘不可思議的果，果德。華就是因，讓你修般若萬行、六波羅蜜萬行。

《地藏經》也講供養塔廟，這就是修因。萬行因華，嚴一乘果德。至於是什麼華都沒有關係，這是華。為什麼要供水？水是智慧水，供水能增長智慧，水是表智慧。

供燈　表般若光明智慧

「供燈」表般若光明智慧，你想想自己要做一個光明燈，燃燒自己照亮別人，懂得這個想法嗎？這是佛前供具，你不學就不知道。你以這種學習的心，看看我們天王殿一進來就是講堂，當初的設想不知道是否跟我的想法一致了，也不見得，她有她的想法。

這全是形式。你供養塔廟時就要生如是觀想，你怎麼供養、修觀，請你講一講，你說：「我不知道。」你出家好多年了，這是最起碼的知識。你進殿時這些像做什麼的？讓我們學習的。就像剛才講的，你要學習東方持國天王負責任、盡本分，現在我們是出家人要盡本分，給眾生種福田，這是福田僧，他看你一眼就增長福田。如果他能恭敬禮拜，以他這個福就不下地獄了，恭敬三寶、禮敬三寶再不墮三塗。

福田僧　養你的慧命

我們的衣是割成一塊一塊的，為什麼？特別是修法的福田衣，割一小塊一小塊，有二十五條，也有十九條。大家一般被的是七條衣，二長一短是福田相，形容土地即是長莊稼，供你飲食、養你生命。如果見到僧人恭敬禮拜，這是培福，增加你的慧命。

你的心裡要明瞭，而且還要跟人家解說，使人家沒有得到利益，遇見三寶都得到教育的利益。凡是佛法滅的國土，那個國家不久就要滅亡。凡是佛法興盛，國土再危險都能過的去。

有一段時期，有人請我們和尚念《仁王護國般若波羅蜜經》，我說：「現在我們不能念這部經。」他問說：「為什麼？」我說：「沒有仁王，誰去護國，哪兒請仁王？」《仁王護國般若波羅蜜經》是說這國王相當有德，對眾生平等平等，以慈護心愛護他一切的國民，這叫「仁王」，沒有仁王那國也護不住了，現在已經漸漸沒有國籍了，整個南瞻部洲、南閻浮提都如是，一切法都如是。

為什麼地藏菩薩專度地獄

為什麼地藏菩薩專度地獄？不是專度地獄，他想度眾生，哪個地方最苦到哪個地方度眾生，我們沒有地獄的語言，地藏菩薩懂得地獄語言。他到哪個地方去，如果是感召也得有因緣，他到哪個地方，哪個地獄就得度，那地獄眾生感召，地藏菩薩去度他就得度。

這是第八品閻羅王請問佛，第四品四大天王也請問佛，四大天王就問佛，地藏菩薩那麼大的威德，那麼大的神通，為什麼度了眾生，已經離開地獄，為什麼出去沒有好久又回來呢？他問這是什麼原因？

那就說明二方面的問題，一方面地藏菩薩的願力還是不大，神通也不大，大的話，度了眾生應該把他度完了，別再回來了。但是他又回來了，這說明什麼問題？娑婆世界南閻浮提眾生，剛強難調難伏，很不好教化。

南閻浮提眾生不用說，就說人。有的非常叛逆，像我們怎麼說他也不聽。出家眾也有，你跟他講戒律太拘束了；講佛教的道理，他說佛教的道理不盡人情，沒有辦法和人溝通，他是這樣給你回應。

難調難伏，就不是很善順的。地藏菩薩發大願又再度，他有這麼多的困難，這個問題讓我們觀想自己，我們現在不是在三惡道，是在人道，而且在人道中不是一般的人，我們是三寶弟子，人上人了。我們在學法過程當中或接受教育當中，往往有的道友這樣說：「我的業障很重。」不要用這個說詞遮蓋自己的錯誤，說我業障很重就該這樣子嗎？

我以前當閩南佛學院教務長的時候，我叫學生早晨起來上殿，「你怎麼不起來？」「我的業障很重。」我說：「你有什麼業障？」他說：「我要睡覺。」我說：「你要睡覺，業障等你了嗎？妙湛長老拿棍子打你二棍子，把你的業障打跑了，還是得去上殿。」

那時候妙湛長老天天拿棍子到每個房間去叩，這樣子你說是受教育嗎？你說他沒有善根，可是他出家了；有了善根照樣不聽話，再不聽就攆出去。攆出去又很可憐，有時候攆出去了，又把他收回來，攆出去不是更造業、更墮落？

有時候想到那些大菩薩，發大菩提心救度一切眾生，不是那麼容易，不是那麼簡單，給眾生說說法，他一聞法修行就成道了。現在我們這兒好幾百人，究竟有好多成道的？我們先不說成道，說能真正誠誠懇懇接受佛的教育教導；再說簡單一點，現在我們都有管理的師父，他們也是執行任務。你別以為他盡指著我的眼睛鼻子，他也是不得已，他吃飽飯沒事啊！他自己坐在那裡修行，念念佛多好啊！沒事找你毛病，一天跟在你後頭，說你長、說你短，為什麼執事經常換？他那個責任負不下去了，負責、負責，負不了責了；盡份，他也盡不到他的本份，那退下來自己修。

行菩薩道就不行。每個道友都有說不出的苦衷，這個苦衷是什麼呢？煩惱。這煩惱是什麼呢？過去所做的惡習遺留下來，大菩提心發不起來。如果發起來了遇到好多挫折、遇到好多打擊，往往說：「啊！這是諸佛菩薩考驗你！」諸佛菩薩若這樣考驗眾生，就不是諸佛菩薩了。不是諸佛菩薩考驗你，是你自己過去的習氣。每個人或多或少都有，如果這習氣都沒有了，看你斷到哪一個層次，如果見思斷了，你也證得阿羅漢，習氣是最難斷的，斷一分證一位。

心不在道　就是外道

我們經常說，外道的知見不正。道裡道外，是依心上而定。心在道不在道，你的心不在道，就是外道，心外求法就是外道。

我們在國外，美國基督教、天主教，他認為我們佛教是邪教，我們也認為他是外道。其實真正深入了，你曉得釋迦牟尼佛、那些大阿羅漢都是從外道六師來的。地藏菩薩的前生是婆羅門女，婆羅門女是婆羅門的種族，他不是佛教，是外道。釋迦牟尼佛最初未成佛前，跟六師外道學，不也是外道嗎？不用這個來衡量人家，只要你是行十善不作惡的眾生，就可以了。

現在不說婆羅門教，就說天主教、基督教，他們的道友最多，國外天主教、基督教跟我們接觸很多，有的人懂得華語，有的人會翻譯，他們不認得這個道理。我跟他們講：「你們所說的上帝，就是我們忉利天的天主，是我們的大護法，如果你的天父聽到你信佛教了，他很高興。」他說：「為什麼？」我說：「他是在護持佛教，請釋迦牟尼佛到天上給他講經說法，他把宮殿都讓出來，若聽到他的子孫弟子去學佛，他很高興。」

我又說：「你是知道的少，我們都是平等的，都是道友。」沒有這些界限，連婆羅門教到我們這裡來，我也到他們幾個古老教堂去，我們心地像彌勒菩薩那樣平等平等。

你要先有接受教育的心，能聽進去了，當你行供養塔廟時，隨順地藏菩薩教授的供養塔廟。

先發菩提心 再行供養

現在我們供養像點燈、燒香、供花，你要先發菩提心，再行供養，供養完了你要修懺悔，懺悔一定要迴向，發願、懺悔、迴向這三個是離不開的。

如果你把供養擺那裏就走了，這樣功德很小，乃至你接受的教育很少，你的轉變也不大。我這是真心誠懇囑咐大家，當你供養完磕三個頭好好迴向，把他變成你的道力，變成你的智慧，那才是你真正接受佛的教育。

佛所說的一切事一切法都是要你做的，不是說說就算了。你一天要念經，念經是要你去做，不是念完經本一合就完了。你雖然身體沒有做，但你的意念一定要做、要想，用意念觀想修行。不然你一天在想什麼？你說普壽寺的功課很忙，我看你空閒的時間，腦子裡想的事還是很多，你的腦子裡沒有一分鐘停歇過。例如睡覺、做夢，說什麼夢都沒有真正停歇下來休息，那是無記，也不是善心所。這道理懂得了，也懂得教育的意義。

修佛塔寺 經像供養

現在講修佛塔寺、經像供養，就講了這一段，地藏菩薩修佛塔寺、補經卷、修佛塔像的時候功德很大。在〈校量布施功德緣品〉，地藏菩薩問釋迦牟尼佛，為什麼有的眾生同做一件事，有的功德很大、享受無量劫；有的眾生一樣的供養，卻只有享受三生就沒有了，這是什麼原因？請佛說說供養乃至修佛塔寺、經典佛像的功德。

例如我們看修匾額的、或者塑畫佛像、塑天王殿佛像、乃至塑華嚴三聖的塑像工人，他們的功德是從他的觀想力達到哪個層次，他的功德就得哪個層次，不是從技術上而得的，而是從心裡上得的。

像大家同樣的繞塔，同樣的朝五個臺，有的人他得的效果力量非常大，有的人得的效果力量非常小，有的人就求文殊菩薩放個光，或者文殊菩薩現個相吧！那我就得到利益了。文殊菩薩天天現相，何必還要他再現相呢？哪個臺頂沒有文殊像呢？你到黛螺頂，五尊文殊像都在那裡。我們殿堂裡供的都有，你也天天禮拜天天磕頭，就看你是怎麼觀想的、怎麼敬禮的？層次絕對的不同。

如果大菩薩來禮釋迦牟尼佛，他認為釋迦牟尼佛跟他說話，讓他怎麼去度眾生。你這一禮，玉佛是玉佛、銅佛是銅佛、泥塑還是泥塑，你是你，佛像還是佛像。經典也如是。你念完經，合上經本，經典歸經典，你還是你。

我們就舉這個例子：大家都讀《金剛經》、《彌陀經》，重點是你掌握的到嗎？《金剛經》有好多的註解，每個人說的都不同，你怎麼樣理解，你能夠達到三心不可得嗎？過去心不可，現在心不可得，未來心不可得？如果能過去心不可得，你的煩惱就沒有了。如果有煩惱，那表示你的功力絕對不夠，煩惱是過去習氣留到現在，能達到過去心不可得真正放下，你所得的利益可就不同。乃至看見廟破了，或者走到萬佛寺，你撿一個磚頭擱到那上頭，你是以什麼心放的、什麼心擱的？如果你沒有那個心，就是把塔修起來還是有限的福德，有時間性的功德，不能達到無量。

地藏菩薩問佛，佛就跟他說，為什麼有差別呢？無論國王、貴族、婆羅門種、長者、大有財富的人，他看見先佛遺留下來、遭到破壞的塔廟、經像都毀壞破落了，他發心修補，發什麼心？發心叫別人去修，或勸別人跟他共同去修，這是個善心，善心產生善因，那麼他所得的果報當然很好。

如果是用三心了不可得這樣來做功德，做的沒有貪心、沒有希求、沒有能作者、沒有所作的事，能所雙亡，那功德就是無相的，這就是成佛因，達到成佛果。凡是有相、有言說，功德都不太大；你十生、百生、萬萬生、億萬生還是有盡的時候，無相就是沒有盡的時候。

《金剛經》上教導我們，怎樣住心、怎樣降伏你的心？這樣來修補塔寺、修理佛像、印造經典的功德就不可思議，因為《地藏經》與《華嚴經》是同等的，叫你證入法界。你由一件小事，證入法界功德不可思議，不可思議功德是什麼功德呢？沒有功德。怎樣說沒有功德？不貪著功德，不執著功德，捨一切功德，捨給誰？捨給一切眾生。那你所得來的功德，無上正等正覺阿耨多羅三藐三菩提，你這樣捨叫清淨捨，清淨捨得的是清淨果。

這是就原文上答的。佛的答覆，地藏菩薩當然都明了，地藏菩薩不是不知道；地藏菩薩這樣請問，是讓未來眾生要做福德修補塔寺、造修理佛像、印造經典的時候，功德無量。像我們這些工人造修塔寺的時候，總想怎樣磨洋工多拿點錢，給你用點廢料，你說功德在哪裏？大家想想看，這不是欺騙嗎？讓師父生煩惱，遇到什麼都是壞的，花的錢是好的，功德施主供養也是好的，摸到哪裏哪裏就壞。工人造塔寺、修佛像、印經典，把經典前後頁亂整，讓拿的人感到錯誤重重，你說功德在哪裡？

房山石經的故事

像房山石經，過去靜琬大師修了多少代，一直刻到宋朝末年、元朝初。那時候我在中國佛學院，中國佛學院學生全部去參觀，把經版請到法源寺，刻經處修繕委員會就在法源寺裡頭。

我就跟他們說，本來你的功德很大，但是你以輕心慢心，對石經一點不恭敬，當他是石頭，沒有什麼功德，可能還會造罪。當初這些大德們恐怕到末法沒有法了，把他請出來，但是對那石經非常恭敬，這才有功德。

他不是這個心，認為這是石頭刻的。哎！這不得了了，國家一重視就重視。西山房山石經處跟我出家的上方山兜率寺藏經樓，堆了一堆，我看這不是我們兜率寺的藏經嗎？兜率寺都毀了，把經本拿過來，我看都是古版的《大方廣佛華嚴經》，很大的一部經，堆得簡直爛的不得了。同樣是經，刻到石頭當作是真的；至於那個原文的經堆得爛了，不重視，當作是假的，整理整理不是也很好。

我是在那寺廟出家，知道那些藏經很寶貴，都是古版的，現在都爛了，裡面有龍藏、也有以前的刻版。

有很多事情，從你的心理思想，同是一件事，做的思想不同，恭敬的程度不同，所受的報也不同。不論修理塔寺，經典佛像都是一樣，懂得這個道理，善於發心，真正發菩提心做一件事，這得要有智慧。沒有智慧做主導的時候是不可能的。

從這還可以引起一個思想：第一個看世間無常的都會毀壞，使你厭離世間。人心險惡，物質的無常變化，你對世間生厭離心，生厭離心並不是自己逃脫，要使人人都懂得都知道這種道理，也都如是修，如是生厭離，這是大悲心。一定要用般若智慧來主導，這些具足，他就發菩提心，發菩提心的過程要具足這幾種緣因而發的菩提心，這就是修補塔寺經典佛像。

對於佛像，西藏人講究早晨起來摸摸佛像，或用自己的腦殼去碰碰佛像，他認為佛在加持他、可以消災免難，我們漢人很少這種做法的。

當你起床之後洗完臉，沒有上殿以前，如果有時間你先靜一下。上殿也是，維那師還沒扣大磬之前，你往那一站修個觀想，雖然是短短的時間，觀想什麼呢？收攝你的六根、安靜你的身心，身體往那一站當然身安了。口沒有說話，除了跟著念背誦經文之外，口業清淨。意念要真正的投入，不然你辛苦白辛苦睡也沒睡好，到那兒去當然打瞌睡，胡思亂想還不如不去好，在家裡睡大覺還不錯，睡醒了精神旺盛，再去念念經還好一些。但是古老叢林的作風，上殿過堂就是這樣做，大家都是照這樣做。

隨順世間的緣

第四大科目，我們就講地藏菩薩教授的方法。你讀《地藏經》，要和我們日常生活結合起來，也要跟一切眾生的日常生活結合起來。題外話說一說，像我們斷絕世俗的一切，但是眾生還不能斷。當家庭婦女生產下一代的時候，該做些什麼事呢？如何做，讓這小孩子跟他生產的媽媽怎樣得到利益？怎樣得平安獲得幸福？這是隨順世間的緣。

有的能遇得到好緣，因為他有好因，遇到好緣，遇到善知識；或者遇到哪位師父，不論男師父、女師父一樣的，遇到師父給他提醒，你家裡要生小孩不要請客、不要互相送禮、不要殺雞宰羊鬧得天翻地覆、不要開酒席、不要搞音樂唱歌跳舞，那樣子會倒楣的。

請師父念念經，念《地藏經》更好了，具足這個善緣的有幾家？千千萬萬生有幾家遇到善緣呢？還有亂搞男女關係，生下來就丟掉了，現在這種情況在美國最嚴重。我有個弟子，他管理救濟事業，專門撿棄嬰，有的養活不起，母親本身年齡很小。十二歲的母親，帶了二個小孩，這真是奇聞啊！這女孩生了二個小孩，連母親帶小孩總共三個，都由國家撫養。

像這類的事，他還會跟你修地藏法嗎？還能聞到地藏菩薩聖號？連名字都聽不見，他還讀不可思議經典、讀《地藏經》？不可能。當然他也不會造業、不會請客也沒有人赴宴，十二歲的小孩一定是沒有父母，或是父母把她攆出來，流浪的小孩，別的大人欺侮她、玩弄她，她才發生這種事情。

這只是說真正有善緣，得有很大的幸福才能遇到善知識跟他說：生產時應該怎樣做，如法的依佛教導，依地藏菩薩教授法這樣去做，才能得到這種利益，母子都能平安，這是生產時的修法。

怎麼修行

我們經常問：「怎麼修行？」看你遇到什麼事就修什麼法，一切經典都是這樣教授我們的。第六品〈如來讚歎品〉的當機眾是普廣菩薩向佛請求，說地藏菩薩利益人間做了哪些事？佛就跟他說，假使未來世中（就是指我們這時候），閻浮提內(就是指我們這個世界)，不論他是剎帝利、是貴族高官、王種的或是婆羅門種，像我們中國儒教或大富長者、是高官的、在家信仰佛的居士，乃至其他一切種族，有新產者、要生育嬰兒了，不論生男育女，在七日之中給他讀誦不思議經典，不思議經典即是指《地藏經》，不只誦經，還要念地藏菩薩名號，而且要念一萬聲。

在《地藏經》說，你要求什麼事，求地藏菩薩加持要念一千聲。如果你從今天發心起念滿三年，一天不間斷念一千聲、三千聲，地藏菩薩來護持你，或派護法神永遠護持你，讓你永遠沒有災難。如果是有急事或要緊的事，那你必須念一萬聲保護新生的小孩，或男或女都可以。

他過去所做的罪業，若欲轉生應當受報，宿有殃報，過去做的災殃及罪過，現在要受報了。因為念了一萬聲地藏聖號或念《地藏經》，殃報解除，是地藏菩薩加持他，幫助他解除了，這種小孩容易教養、壽命也很長。如果他前生自己積有福德，那他一念一增長，這福德更大，前生的壽命今生該活六十歲，他一念或者活到八十歲增長他的福壽，在日常生活當中也很順利。

這種禍福壽夭，在人生當中非常錯綜複雜，不是以人的意願來轉移的。說在降生時遇到有人教導他，讀《地藏經》，這就是他的福德，乃至教導他念滿一萬聲地藏聖號，這是很難遇得到。

現在我們念一萬聲聖號，那很容易。心靜下來的時候念的很快，一個多小時念一萬聲，誰肯這樣做呢？儘管他的功德好大，有這麼多好處呢！現在我們在座哪位能每天念一萬聲地藏聖號？我想很少人會這樣做。

聽來好像是很容易做到的事，但是沒有這個善根，沒有這個福德催促你去做；如果每天都能念一萬聲，那就很不容易了。遇到事情的時候，又有人這樣教導你，你被那事情逼迫的苦難當頭，沒有辦法躲脫，一聽到，你肯念了。當你苦難當頭的時候，遇到哪一個善知識告訴你，念一萬聲地藏聖號就解決了。

往往佛經上所說的事情，諸位道友在這兒聽經的時候感覺很容易，人在福中不知福。現在很多人在苦難當中，他哪能聽得見有位師父或有位在家道友跟他說，念一萬聲聖號就可以免難。這還要看他所作業的大小，念一萬聲，有時還是解決不了。

比如說人家要生小孩，家裏很富有，六親眷屬很多，大家送禮，越有錢客人越多，互相巴結互相平等。窮人就不見得有，過去有句俗話：「貧在娼街無人問，富在深山有遠親」。你若有福報，你躲到哪裡，都有人趕到你那裡，就是這個涵義。

我們有很多事往往看起來很容易，舉手之勞，念一部《地藏經》很容易，我坐那就念一個鐘頭，念完了，給他念一部吧！哪裏能請到那麼一位師父？哪碰到一位那麼發心的？不可能。

我說一個例子，大家知道後山那個法師，我在上頭住的時候，他天天來，現在被人悶死了；我隔一天才知道，想今天念經給他迴向吧！當我念經的時候就把他忘了。念完經又後悔，我怎麼沒給他迴向呢？別人都迴向了，明天早晨再迴向吧！明早一念到要給他迴向又忘了。這不是有意無意，好像跟他沒有緣，就連想念一部《地藏經》給他迴向都做不到，我只好一想起來趕緊就跟他念，哪管念一品、念二品也算得到利益。

往往你誠心誠意對這位道友，想做點佛事給他迴向就是不行，做不到，這叫障。大家說業障，業障並不是在你本身也會發揮出來，想幫助你也幫助不上。

我說這個意思是勸大家自己平常要修。如果一萬聲念不到，一千聲念不到，一百聲該念得到吧！還是念不到，十聲該可以吧！沒有時間，你睡覺以前該有時間，就是不念。為什麼不念？業障。我們經常說業障、業障，那個不曉得什麼業給你障住，求人不行、求自己還做不到，這叫障。

不作佛事 成不了佛

我們誰不想解脫？人人都想成佛，要想成佛得作佛事，不作佛事成不了佛。若想成為菩薩要做菩薩的事情，六波羅蜜萬行你要修，你如果不修，想當個菩薩救度眾生，那是空話，乃至斷煩惱都辦不到。你想不發脾氣也做不到，不是你自己能做主。你說：「我不想做那個壞夢，辦不到。」這叫業不由己，不是我想怎樣就怎樣。

現在在座的都想成佛，誰不想解脫？都想斷煩惱，這個道理誰都懂。為什麼要煩惱？哎呀！這件事情不該我想，出家人想它做什麼？你說是這麼說、心裡也這麼想。到你排遣煩惱的時候很困難，你剛排遣完，一會兒又來，從哪兒來？你也不知道。心裡忽然又起個念頭，你怎麼辦呢？你不要煩惱也不要著急，你來了我就排除，我不厭煩有耐心，反正你要來。

就怕妄想一來你很著急，我要想修行，哎！又要打妄想了。我要想念經，又要昏沉了，那你越著急越麻煩，還增加煩惱；想斷除，又增加一個病，斷除不到又增加一個病。乾脆不理它，把心都放下，平平靜靜的；來了我就排除，一打妄想，就告訴自己不要打妄想，我今天要好好念一座經。

你沒有生起這個想法，坐那兒念經好像沒事，你說：「我今天想要好好念經，不要妄想，不要打瞌睡！」哎！一坐下來經本剛打開，瞌睡就來了，冤家路狹又碰見，那就沒辦法。那你怎麼辦呢？瞌睡就瞌睡吧！乾脆打幾個盹，睡醒了好了吧！該念了吧！你自己跟自己說：把煩惱賊、散亂賊、昏沉賊都遣除了，這很不容易。

這段經文就告訴我們說：南閻浮提出生的人，不管生男生女，當要出生時做些好事、可別做壞事，做好事使家庭都很和睦。家庭都有護法神、土地神；過去的中國人習慣供灶王爺，現在沒有燒灶的，大寮也沒有了，堅牢地神、大聖緊那羅王菩薩，現在都沒有了。像小廟，管你這個神、那個神一律沒有了，菩薩也都排除了，他也不知道。徒孫受了戒，回去跟老和尚說，老和尚說：「什麼叫戒？」他的師父還不知道什麼叫戒，沒受過戒，在我們北方小廟這種事多得很，這叫無知。說我不知道該不犯罪吧！你不知道的罪更大了，還加個無知罪。你說：「我受戒了，反正我不管、也不知道。」這還要加個無學罪，你不學就不該受，受了就一定有罪。

必須做好事，土地神才能護持你，擁護子母，使他的母親及新生小孩都得到安樂，闔家眷屬都能得到利益。你生下來，千萬莫殺害或給母親進補，殺雞宰羊請客啊！我們義存祖師看見這些事，寫了一首詩，詩的全文是：「可憐眾生苦，曾孫娶祖母，豬羊席上坐，六親鍋裏煮。」

因為義存祖師開了天眼，他看得見，沒看見誰又知道？所以殺害的罪非常大，不要取鮮味海鮮供給產母，或者廣聚眷屬飲酒食肉，歌樂絃管，這樣會令子母都不得安樂。

地藏菩薩的臨終修法

第六講

出家行道　忙的是走得很清淨

在《地藏經》的教授方法當中，說到臨終時，你怎樣修？

我們出家行道，忙了一生，主要忙的是臨走的時候走得很清淨，走得很解脫，不被多生累劫的業障所纏縛。人人都有恐懼心，怕最後的時候失去念頭，走的不好再墮落下去，一失人身萬劫不復。當然我們學佛的人都懂這個道理，特別注重臨終的時候；但是你平常要是不修，臨終的時候正念怎麼會現前呢？一個人作惡一生，等臨終的時候能遇到特善的善緣了，得到善知識的啟示，一下就能超脫，這種事情很少很少，甚至可以說沒有。

況且無量劫來一生一生做的惡業太多了，到臨終的時候，怎麼會有那個善根呢？要靠自己的修行。

我們舉例子說：以前我在鼓山的時候，禪堂老和尚講開示的時候，提醒我們要注重自己的話頭，也就是我常跟大家說的注重你的念頭，在你臨終時才能夠與你的念頭相應。對我們學法的諸位法師來說，無論學戒、學定、學慧，平時學的時候，就是為了準備到臨終時用，學以致用。

我們在這裡學什麼呢？學死！現在我們學的佛法都叫我們了生死，大家一天都聽好幾遍「了生死」，你怎麼了？特別是學教理的人。

真歇了禪師的警告

以前有個真歇了禪師，他警告我們這些法師，弘法利生的人，如蠟燭般犧牲自己、照亮別人，自己燒盡了把人家照亮了，自己如果沒有修行，一天是是非非、人人我我、貪名奪利，到臨終時怎麼辦？

真歇了禪師警告學教者：「講古論今實可傷，終朝身臥涅槃堂，門無過客窗無紙，爐有寒灰蓆有霜，病後始知身是苦，健時都為他人忙，老僧自有安心法，八苦交煎總不妨。」

真歇了禪師是鼓山以前的老和尚，他到臨終要死的時候，那口氣還沒有嚥下去，將要死了，把他擱到化身窯，每個化身窯旁邊都有三間小房，到人死亡了嚥氣了，就把他的屍體擱到房子裡頭。或者等一個吉祥日子，或等他死之後，最少在寺廟裡頭停放七天，他的神識才去盡。現在一般擺三天都不得了，你死到醫院太平間一天都不讓你等，一嚥氣了就把你送到太平間冷凍起來；這個時候你的神識並沒有離體，社會上的人不信你這一套。

我們佛教徒一定要遵守佛的教導，這個時候是最要緊的關頭，等神識離體的時候擱到涅槃堂，現在醫院叫太平間。在這時候他本來是昏迷狀態下擱到涅槃堂，等他緩神過來，沒有死，那口氣又緩過來了，他非常感傷。

這時候自己才真正用功做二首詩，「講古論今實可傷」，本來這事不是可傷，是就他自己說的，你若講講道理給人家聽、讓人家信佛皈依三寶，乃至明白教理，這不是可傷心的事。因為你光講，講的時候貪名貪利、忘了修行，這就可傷了，因為不能解決自己問題。

到這個時候，「終朝身臥涅槃堂」，死了，待在涅槃堂等著燒了，這樣才實可傷。這時候再看看，「門無過客窗無紙」。涅槃堂平常誰去呀！平常在身心健康時來拜老和尚求法，求加持，或讓他講道。在這時他真的要死了，沒有任何人理他、看他。「門無過客」，沒有一個人找他，涅槃堂誰也沒注意那停屍地方。

那個窗戶紙，唐宋時代沒有玻璃，老和尚是宋朝時代的人，那時還沒發明玻璃，糊的窗戶紙都破了，「窗無紙」，門前無人再來，乃至涅槃堂的窗戶連紙都破了，都沒有該糊的了。

因為沒有紙才形容，「門無過客窗無紙，爐有寒灰蓆有霜」，火爐子沒有火，祇有燒過的寒灰、冷灰，他停屍的床上，破蓆子，用竹子編或草編，蓆上都落一層霜，風吹進來的霜，大概是冬天。「門無過客窗無紙」，形容很淒涼的意思，弟子都沒有了。「病後始知身是苦」，病後才知道身體是苦的，一切諸苦之本，不害病時就不知道了。

「健時多為他人忙」，強健時替人做事，到這時就不行了。病後才知道什麼是苦本，你好的時候幹什麼去了？為什麼不修行呢？健時都幫助別人去做，在這時候才知道該用功。後二句是他成道的表現，「老僧自有安心法」，他自己當然有安心的方法。「八苦交煎總不妨」，八苦一起來煎也沒有關係。

這首詩我經常念，想到自己一天二十四小時，除了睡眠吃飯時，一天總要回顧自己，老就是跟死臨近了，老一定跟病相連，老了必定害病，老病相纏。

地藏菩薩的臨終修行方法

地藏菩薩告訴我們一個臨終修行的方法，就不必悲傷，按《地藏經》修行的方法，臨終時你怎樣修行？也不是說等你要死才修行，在你活的時候就要準備。這臨終修法是別人幫助他，自己不修，或者道友或六親眷屬怎麼幫助他，為他設福。設福不必一定是了生死，是給前面路上鋪一個道，未來能得解脫，是這樣一個意思。

我們應當自己修，親友、父母、眷屬都是靠不住的。觀世音菩薩拿念珠，表示「求人不如求己」。你自己現在就準備，修好你要走的道路，不要等到那時候才去修福。

地藏菩薩向佛說：「世界眾生都是作惡，行惡眾生太多了，大惡小惡無量惡，從纖毫間至於無量，為什麼？」無量劫來習氣過去所熏習，就是如是。像這種人，他的眷屬在臨終的時候，給他設施福報。讓他前路不至於墮三塗，這還沒說成道的事，能免去三塗就算很幸福了。

燒紙錢其實是沒用的

至於燒紙錢，看人將要死了先燒點紙錢，這其實是沒用的。佛教是不主張燒紙，但鬼道還是需要的。

有人問印光老法師，他不置可否。鬼道還是需要的，其他道確實沒得用處。如果在佛前供的幢旛、寶蓋或供點油燈，這都解決不了問題。

最好的方法是念《地藏經》

最好是把《地藏經》念一念，轉讀尊經，或者供養佛像、菩薩像，或念佛念菩薩名號，乃至辟支佛名號，使臨終的人還能得到清醒，耳根還沒失去聞力，耳根還能聞。他若不能聞，效果就沒有了。你念的時候，他的耳根能收攝到他的神識當中，就是他所造的惡一定要墮三塗，感惡果報。因為他的眷屬或道友，給他臨終助念、給他念佛，念佛念聖號，他聽到了，有怎麼殊勝因緣，他的罪惡就能消滅。

假使進一步說身死之後，七七四十九天之內，他的神識尚未轉到別的道去。《西藏度亡經》的救亡法，人在死之後，中陰身還沒超度的時候，修這救亡法，給他修善事，使他能夠離開惡趣。雖然不能使他生極樂世界、生到淨佛國土，他沒有這種修行的善因，但是他能離開惡趣、不墮三惡道，或者生人中或者生天道，以後再繼續去修行。那麼他的眷屬，給他作佛事作殊勝業的時候，也能得到很大利益，生者、亡者都能得到好處。

因此應當對臨終的人，對他的道友、六親眷屬，給他這樣做，千萬不要人死了，做殺豬宰羊祭奠之事，這簡直把他害了。本來他造的惡業就重，臨終又去行殺害惡業，給他助成惡緣，不拜三寶、去拜鬼神靈祇，魍魎精魅鬼去求鬼，這不但沒福而且糟糕了，送他下地獄增加罪惡，這個帳都在算他的頭上，這對死者不但沒有利益、好處，還會增加很多的罪。

本來他自己做的善因，修行應該得到善報，但是他的眷屬給他這麼一做造惡的業了，他死不下去，或者死的時候很痛苦，乃至會障礙他生善處了。如果這個人本身善根很深厚，他可以得生善處。如果本身沒有善因，再增加這些惡緣，本來就受生惡趣，那業障更重。

給臨終之人 造些善因生善處

所以臨終之人的眷屬，給他造這些善因，能夠幫助他生善處。造什麼善？方法就是念佛聖號、使他耳根聽，或者修布施、幢旛寶蓋、修供養佛法僧三寶，或將他自己所得到的財物轉去塑佛聖像，塑地藏菩薩像、觀音像，一切諸佛菩薩像都可以。不能再給他造惡緣了，這就是臨終修法時要特別注意的。

更殊勝的是打佛七 或是拜懺

假使說殊勝一點，諸位道友給他打佛七或是拜一個懺，減少他的罪業，臨命終的時候修持的方法，這不是本人，都是眷屬幫助他。為什麼？他到臨終時已經不能修，神識將離體一刹那間他已經不能修；有的善業很重，像有人在臨終時，善友給他念，他微笑就走了，那是很殊勝的。有的現的相貌很恐怖，那就很危險。

地藏菩薩在《地藏經》上所說的、從各各經典所說的，地藏菩薩對著現實事上說了很多，很清楚。《地藏經》從文字、思想、理路上看起來很簡單，其實是很深奧的。如果你把第七品〈利益存亡品〉這一品經文深入地講，臨終的時候再有殊勝因緣，離開文字做觀想。如果是我們本身從這個教育，那我們臨終時囑託親友，像我們出家人可能無親友，不住在一起，都是道友。若圓寂在寺廟，乃至圓寂時你身邊也有些同參道友，有深切修為的人，那情況不同了。他們能送你到極樂世界，送你到兜率天或忉利天，或到彌勒菩薩、淨佛國土去，乃至就是這個娑婆世界清淨的地方很多。

假使圓寂在五臺山，你自己感覺現生沒有做什麼惡業，加上善緣幫助你，文殊菩薩道場就在清涼山，你會被文殊菩薩攝受去的。這是你的願力、修行力、善根力三個結合起來。這是教我們每位行道者、修道者應做準備資糧，到臨終時無罣無礙，這是專對一般人來說，生在世俗家、社會上，不是指出家人及四眾弟子說的。

在臨終救亡修法時，《地藏經》是講事，普度一切眾生。我有位弟子在台北榮總當護士長，由於她提倡在醫院裏設佛堂，每一個人進太平間一定給他念佛，而且他們經常到太平間念佛，往生到這樣醫院也不錯，都有人念佛、有助念。沒有助念的，她會組織幾位護士道友，為他念佛送去。這是台北榮總醫院。

還有林口長庚醫院，這兩間醫院都有佛堂，就設在太平間前面，有的設在太平間、有的離開太平間，但是一定要助念。太平間有佛堂，供養佛像。

這也是助緣，幫助他不墮惡道，不管他本人造什麼業或造很多惡，不管信佛也好、不信佛也好，到臨終時幫助他念佛，也得有這個緣。

往往他到快臨終的時候，家屬把他接出醫院，在家裏做追悼、不是作法會，追悼是世俗上請親友吃喝，這會增加他的罪業。就如經文所說，這是緣，在你臨終時遇到助緣不好，或者你的不肖子孫、子女、道友，非要如是做不可，這是你過去生所造的業招感、善緣不具足。

臨終的時候，大家共同誦經，像清淨僧一定送他到極樂世界去，那不是消災免難，而是得生淨土。我也看到很多事，多講一講，這是很重要的。

植物人的現相

有的是死不下去。我剛才說的這兩間醫院，植物人加起來恐怕有上千、沒上千也有八百，我看見很多。植物人的神識是什麼都不知道，就剩一個空殼子，你說他死吧！他會吃飯，你餵他他就吃，不餵他他也不吃，眼睛也不認識人，六根全在，可是六識全完了，只剩肉體在，子女就得照顧。

《地藏經》說，他的業在陰間打官司，善惡沒定，壽命沒盡，還沒有死。現在的不可思議力量是那個藥物，可以延續他的身命。這種人差不多生前都積累很多的財富，這錢沒地方花，就在醫院裡頭花吧！有的專請護士小姐八個小時一班，一天花費的錢很多，而且用的藥物是很貴的延續生命，一天花很多錢。

在臺北我有個弟子，她的先生延續了將近十一個月，把他所掙的錢花的差不多，他才死。如果把他生前掙的錢做慈善事業，更不說供養三寶，不比這樣花強嗎？

我跟他夫人說，「妳跟妳的子女要這樣做。」她說：「不行，社會的壓力啊！」因為他的同事公司一定要那樣做，財富在公司裡大家掌握，不給家屬掌握，公司要給他那樣做，這叫業。

我們經常說罪業重、罪業重，這就叫罪業重。業不由己，在哪兒表現？就在這地方表現。

我們雖然依著經教講，不見得人人都聽到《地藏經》，如果聽到《地藏經》他肯信嗎？他能按《地藏經》上說的去做嗎？他為什麼遇不到這個緣？就是遇到那個緣呢？這就是我們經常所說業障重、業障重，這時顯現出來，這叫真正業障重。

像地藏菩薩所說的，修布施、修供養增長他的福德，辦不到。像我們這些法師，雖然都是持銀錢戒的，怎樣布施呀？我們在寺裡當一個清眾，布施給誰？我們道友都一樣，誰布施給誰？

布施就是給供養，多種多樣的，你別認為我在這裡頭就不能行布施。你可以布施的對象多的很，可不是這些同住的師父們。上供養三寶，下施一切鬼神眾，我們相信嗎？我們學佛弟子都應該相信，我說供養對象多的很，施給鬼神！供養的心，各有各種說法、想法。

結齋時留一口 供養不得飲食的鬼道眾生

例如說我們在臺北道場的道友，吃完飯要把鉢洗的非常乾淨，都吃乾淨了洗鉢倒一點水，拿個小刷子刷完了，洗乾淨完了喝了。

我就不是這樣做，我的做法不同。有時候留一點點，要結齋的時候，留一口，完了出來找一個清淨處施食給他，供養那些不能得飲食的鬼道眾生，然後給他念念咒，捨施法大家都會。

但是我們這個齋前，上供養三寶，不是在我們吃齋堂時候，吃供齋時，先拿出一點在供養臺階上，擱上一點給他，那也是念咒。但我們吃完了，雖然是刷牙水，也可以把它供給鬼神眾。

佛教導我們的修行方法是隨你個人的意願，同樣的一個方法，你個人的思想、認識、體會的不同，修行的方法好像是一個方法，它就不一樣。我們念阿彌陀佛，臨終念彌陀佛，當然自己念是最好，到時候能念不能念？自己能做主否？

若是能做主，念著佛往生了，臨終時清淨十念都可以，這說是臨終方法的修行，你現在沒到臨終，天天做臨終修行也可以。

你如果每天都能這麼修行，各人教授的方法不一樣，總得根據佛所說的精神。如果你一天早、中、晚三個時間，各人都有各人的功課，還有常住一切事務，念十聲不多吧！誠懇地一心一意念十聲，早中晚各十聲共三十聲，佔不了你一分鐘，隨便做什麼都可以。你再加一個起床時及臨睡眠的時候念十聲，這該做得到吧？中午休息時，念十聲該做得到吧？結完齋再念十聲，該做得到吧？

就這個你能一生保持著，天天如是，那你的功夫已經很大了。到臨終時也能幫助你。到臨終時一到這個時間就念佛，還不是說你修觀想呢！我只說的事修，沒有說理，如果能用理觀，念佛時再觀想到理上去，自佛、他佛，自他不二，心佛一如，觀想自己就是阿彌陀佛，阿彌陀佛就是自己，阿彌陀佛常住在你的頂上。

平常一天想二、三次，這就叫功夫。功夫就是磨練可不要間斷，一間斷功夫就沒有了，功夫就是這樣子，天天不間斷、天天如是，你看的很簡單、做起來也不困難，並不要你付出多大的損失。

我不是輕視諸位，我想以前這樣做過的找不出幾個人，或許有，沒有好多人是這樣做的，這是一種自己的修持。

法供養

我供養他人就是布施、施食，但是你一提布施，就感覺很困難，沒有什麼東西可以給人家，這是理解的錯誤。我剛才說的念佛，把念佛當作布施，只要跟我身邊有緣的，你見不到的，或有鬼神、畜牲或者見其他道用法供養給他。你念佛供佛，念十聲佛號供養佛，更不說普賢供養意供，不要你出任何物質東西，只要你出精神思想的供養，這是法供養。念佛，在空曠無人的地方，或者鬼神村裡頭，走那裡給他說法，這叫法供養。

你說：「我沒看見。」沒看見沒關係，你用意念觀想：「我和你們有緣，我天天供養你們，令你們離苦得樂。」這叫法供養。假使你能天天持續意念供養心，這叫布施。

用忍辱布施

還有勸一切眾生用忍辱布施，用你學法的布施，或者我今天聞到法非常高興、歡喜，馬上供養給他們，與你們同享，希望跟你們一同享受，我供養給你們。這個你並沒有花費什麼，你承受佛菩薩的教導也依照去做，也這樣供養，上供養三寶、下施三惡道，這該做得到吧！但是這不可見相，你見不到供養眾，你供養的時候並沒有見到好多人，或好多鬼神。你的意念這樣供，就跟你修普賢菩薩十大願一樣，我們叫施食。

如放「蒙山施食」，雖然沒有見到，你也如是這樣做，那是大眾力量，那是我們常住共同做的，自己應該如是來供養，這叫供養法。

營齋的供養法

還有營齋的供養法，大家都知道打齋供眾，供養眾僧，不只供養僧眾，在寺廟裡打齋、供千僧齋的功德大，不止如此，供養一切眾生功德也大也如是，這得靠觀想力。

營齋供養的時候，或受齋的時候要想，齋不是吃素，很多人認為吃齋念佛、吃齋是吃素，不吃肉就是吃齋，完全錯了。我不曉得諸位法師以前是怎麼理解的。

什麼叫「齋」？齋是齊限，齋者齊也。把小字去掉就是齊，過午不食叫做齋，晚上不要再吃東西了。這個時是按我們現在規定的，我們在哪兒就說哪兒的話，我們在普壽寺就說普壽寺的，十一點到一點，這是中午的時候。在印度，它的時間是中午，不像我們現在規定是十二點，那時是沒有鐘點，看日光的，所以日中食，日中就指十一點到一點，這叫日中。

齋者，齊限也。過了這個時間，不能再吃了。我們一般理解吃齋是吃素、不吃肉，這是錯誤的。那時佛在世、在印度的時候，印度的風俗是化緣托鉢乞食，自己做是犯戒，隨施主供養什麼你就接受吃什麼，你沒有選擇的。像現在的緬甸、斯里蘭卡、泰國，凡是南傳佛教，他們是這樣方式的，自己的屋子沒有起火做飯，因此施主供養什麼吃什麼，自己沒有選擇，過了時間不能再吃。

大家學戒的很注意過午不食，持過午不食戒的不少，但是持數數食的戒很少。像你們持數數食，可是吃了又吃，吃點心或吃水果、花生米，乃至嗑瓜子都算，這叫數數食，這跟過午不食是一樣的。

在營齋的時候《地藏經》特別有規定，不可以拋撒，「米泔菜葉不棄於地」，清淨要洗乾淨，供養大眾僧，那叫齋。不是吃素叫吃齋，不是這樣理解的。

營齋也有修行方法，營齋辦供時，先供佛而後供僧，這個福德也很大，但必須清淨飲食，菜蔬必須洗乾淨，作時不要拋撒，就這個涵義。

佛教傳到中國，為什麼叫做寺呢？現在只要寺就叫和尚廟，這是錯誤的。說寺叫外交部、內政部也可以，當初佛教傳到中國的時候，寺廟是辦在鴻臚寺裡頭。寺是漢明帝那時候的機關，由國家來弘揚佛法；那時鴻臚寺是招接待外國人來的，因為白馬馱經是從印度來的，就把他安插在鴻臚寺裏頭，後來鴻臚寺才改成寺廟。凡是寺都叫辦公廳，以國家的力量來弘揚佛法。

那時候我們的國土不信佛、不知道齋僧，僧人出去化緣的時候，都化不到東西，沒誰給飯，都當成是討口子對待，不會供養你的，他也不知道供養尊敬；因此由國家供養，在寺裡頭做飯。

齋的涵義

由於這樣的風俗，中國漢族出家人是吃素的，其他地方都不是，如西藏、蒙古他們都不是。我們要知道、懂得這個問題。從何時開始我們不能吃肉呢？梁武帝。他看見很多大乘經典要培養大慈悲心、不喪失慈悲心，要供養素食最好，不吃肉、不傷眾生，這是大乘教義，把眾生當作自己父母，不食眾生肉。從此我們漢地就提倡開始漸漸推廣，大乘佛教的法師都贊成，在我們漢地推廣不吃肉，知道這個齋的涵義。

關於齋，看似簡單，其實辦起來包括很多的內容。營齋的時候得有供養心，有清淨心，這樣功德無量。如果抛撒乃至洗滌不乾淨，這樣有罪過。《地藏經》上好多說的都是事，但事上必含著理，這個事是依理而起的，什麼理呢？心。

吃齋念佛是指他的心，凡是吃齋的人，心裡頭一定清淨，是這麼來理解的。

因心清淨故，所以他所吃的營養成為他的道力，他能夠修道業能夠成道，營齋裡頭含這麼個意思。

那天我跟大寮小班的道友講：「知道你們的功德嗎？每天做飯要發願，願我所作讓每位師父吃了都能成道、修行好，這個功德很大了，哪怕洗菜，洗菜時也發願，不但發願還要迴向。」

我們不要忘了發願迴向，念佛利生，這麼念佛利生就夠了。你念一聲佛號、念十聲佛號，念完佛就發願迴向。讓我的佛聲、佛號，我所念的佛，讓一切眾生都能聽到，特別是三惡道眾生，聽到之後也會念，得到利益。

我們每位道友，不管你負責哪部分執事，都要營齋供眾。營齋供眾，用清淨心把你所做的事業、所盡的責任迴向發願。

話好像說的很簡單，做起來就被業障障住了，怎麼障住呢？忘了。我跟他說的時候，小班大寮、小道友就注意發願，過幾天他又忘了，洗菜燒火做飯，你所做起來的飲食，心裡觀想著，如果三十來個人都是一樣觀想，那我們幾百人吃飲食，得了他的清淨助緣力，道力更增長了。

弘揚佛法的方法

有人這樣跟我提出問題，他主張要宣傳教育，宣傳佛教事業，把佛法開擴出去，讓人人都知道佛法，讓人知道這是怎麼回事。

我問他，釋迦牟尼佛當初弘揚佛法是這樣弘揚佛法的嗎？有電視、電腦網絡嗎？釋迦牟尼佛也沒有拿喇叭向世界上廣播。我說你只看這一面，另一面的危害性你沒有看見。現在很多法師就信這個，走入世間。如果像我們這些師父走到世間去，還俗的起碼三分之一，你走去吧！

他往往只看這一面，不看另外一面，站在這一面就批評那一面，這是絕對錯誤的。如果我們是開擴型推廣，什麼戒律都不講了，什麼規矩都不講了。文殊師利菩薩可以，宋朝時道濟禪師也做得到，過去我們很多大德也是這樣做，但是這只是一部分。像道宣律師弘揚戒律，近代的弘一法師、慈舟老法師講戒的法師，他們沒有開擴型弘法，也不是這樣子。

我們道友可能也曾聽說過，如果你們出去，人家會跟你們建議，好像你出去像個傻子什麼都不知道；最好是不知道，不知道可以減少煩惱。古人說：「知識少時煩惱少，識人多處是非多。」這些話是從一方面說，你不能要求我們這些師父，現在就像大菩薩那樣子，我們沒有那麼大的力量，做不到。

像我在臺灣的時候經常到監獄去弘法，在臺灣可以，在大陸說到監獄去弘法，人家請你去嗎？在什麼環境、在什麼社會不能那麼要求，你做你的、我做我的。在臺灣還有這樣的說法：女人不能念《地藏經》、晚上不能念《地藏經》、這個人不能學《地藏經》、那個人不能學《地藏經》。《地藏經》沒有這麼說，誰都可以學，誰學誰得。面對這種的知見，現在大家掌握這個原則，知見特別多，一個問題各人看法都不一樣，我們不一定都隨順人家看法。

心裡清淨　不被人家的語言所動搖

既然來到這裡，我跟你們說：面對人家提什麼意見，我們心裡頭清淨不被人家的語言所動搖，我們吃齋是清淨的，不要以為人家別的民族佛教徒都吃肉，我們也跟他吃肉去。吃肉會產生好多種病。

前幾天我在這裡聽到豬叫，說明外頭殺豬已經不是一次、兩次了。牠生起恐怖感，求救的心理不是跟人一樣嗎？牠知道面臨要殺牠的時候，當牠驚恐的時候你把牠殺了，把牠的肉吃了，你沒有怖畏感我才不相信。

你對什麼事要是有怖畏感，當時你殺牠的時候，血肉之識很凶猛，牠的瞋恨心很重；我們跟不吃肉人講，大家同意這個論點，跟吃肉的人講，他哪信我這一套，他說我胡說八道。

如此怎能不增長你的貪瞋癡？這個道理很簡單，因為牠沒有力量反抗，你殺牠就殺牠，你要吃牠就吃牠，牠有力量反抗牠不反抗嗎？牠會盡牠的所有力量反抗，牠也想求生不願意死，一切動物都是這樣。就算是蒼蠅，你要逮牠的時候，牠知道你不懷好意，牠還要跑，絕不讓你隨便就可以逮到。一切眾生都如是。

營齋的時候，是講以你精進勤奮的心來營齋、供養齋僧，這個福德很大。所以我們大寮發心的小菩薩們，給他講發迴向心、發清淨心，他們所做出的飲食，供養大眾僧都修行成道，那他們的功德也大了，那是他們的福報。他們將來一離開大寮到學習班，很快就開智慧、學習很快。

學《地藏經》要學地藏菩薩發大願心

我們學習任何經典，不論什麼經典，像我們學《地藏經》就要學地藏菩薩發大願心，我們雖然在屋子裡坐著，心裡可是發願使社會一切眾生不受痛苦災難，現在的災難很重。什麼原因？自己造的。現在眾生心、造業心非常猛利，非常技巧，現在人的知識很聰明，害人的手段更聰明，害人的方法也很微妙，要給他們消災，隨時隨地想念眾生。

自己修行，第一個要立定腳跟，不要被人家音聲轉動，現在各種小冊子、各種宣傳品太多了，各種穢道門擾亂我們佛教清淨、真實、尊敬的信心。大家要注意，當你做得很對，千萬不要動搖，動搖就被人家給轉了。

佛教不忌諱把死掛在口邊

我們今天講的是臨終修法，死的時候要注意，現在大家道友們都二十多歲，離死好像很遠似的；但是你要準備，佛教是不忌諱隨時把死掛在口邊。

佛就問弟子，看哪個說的準確，說人命在什麼時間？或再一天或再二天說的都不一樣，人命在呼吸之間，隨時都可以不出氣。說我還年輕，身體很好，可是有橫禍來。說我們住在聖地就很保險，也不一定。你的業障超出保險範圍去了。那天我的弟子跟我講，他們去朝東臺、西臺，在清涼橋上面的路上，一部車子翻下去死了八個人，也不見得是很老，也不見得八個人都應該一塊死吧？

隨時面對死亡

所以隨時要準備面對死亡。生死臨終對一個人、對我們來說隨時會發生，沒有什麼保障。你跟閻王爺訂合同嗎？訂了合同也不保證，沒有保險公司能保證你。那不是人壽保險很多，人壽保險是賠幾個錢，你去保是天天要給他進貢，他是賺錢的，不能保證你不死；你死了我只是賠幾個錢而已，他怎麼能保證你不死？他連自己都保證不到，還能保證你嗎？都是不可靠的。最可靠的就是你自己，多行善事、莫作惡事，隨時這是個準備，不說你馬上就死了，不一定的。

準備資糧，臨終不等別人助念，自己作得了主，當一氣不來的時候，正念馬上現前，佛法僧三寶現前，絕對不會墮惡道。

第七講

地藏菩薩度化衆生的緣

菩薩教化衆生也得有緣

菩薩教化衆生也得有緣，沒緣是辦不到的。《地藏經》〈如來讚歎品〉第六品、〈利益存亡品〉第七品、〈閻羅王衆讚歎品〉第八品，這三品經在《地藏經》上都是說地藏菩薩度化衆生的緣。

前面第三、四、五品是介紹地藏菩薩的願力不可思議，地藏菩薩教化的對象非常廣，上至等覺菩薩，下到地獄衆生，這顯示地藏菩薩廣大無邊、無所不包、三根普被。但是度化衆生，要具足二種條件，一種是教化的能力夠不夠？一種是衆生的因緣有沒有？

像我們在社會上都有六親眷屬，我們現在出了家、男女兩衆都是佛的親子，也擔任度化衆生的責任，但我們有沒有能力？我們就是沒有能力，若是有能力，還得有機會。當能力和機會兩個結合到一起，度衆生才能收到效果；有能力度衆生、沒有機會，就是沒緣的意思；有機會卻沒有能力，你也沒有辦法度衆生。如果沒有道場、處所，衆生沒機會聞法，你也不能度。必須緣具足，自利利他的事業才能達到圓滿，否則這法財是沒辦法具足的。

佛在《地藏經》三處放光

佛在《地藏經》上有個特殊的顯現，這是在其他的經上所沒有的。大家都讀《金剛經》，也讀《彌陀經》。《彌陀經》、《金剛經》佛都沒有放光，只在《法華經》、《華嚴經》佛才放光，佛在《地藏經》三處放光。在第六品：

「爾時世尊舉身放大光明，徧照百千萬億恆河沙等諸佛世界，出大音聲，普告諸佛世界，一切諸菩薩摩訶薩，及天龍八部鬼神人非人等。」

佛告訴他們，地藏菩薩的功德不可思議，在十方世界稱頌地藏菩薩不可思議功德，慈悲救度眾生，乃至教化一切眾生罪苦之事。這是這部經跟其他經的不同點，顯示《地藏經》的殊勝。

在第六品〈如來讚歎品〉，一開始佛就放大光明，這是很重要的。在《華嚴經》、《無量壽經》也都放光，上上根的眾生一見到佛放光，就等於聞法了，光就是說法，佛在說法的時候都是默言，不一定要口說。那大菩薩法身大士，一見到佛的光就得度了，這種經義在《華嚴經》講的很多。在《地藏經》是很突出的，佛放完光，佛就告訴大眾說：「我要涅槃了。」用通俗的話說：「我要死了。」佛說完《地藏經》沒有好久，一到人間來就入涅槃了。你們這些護法、諸菩薩、法身大士、天龍八部要護持這部經，讓一切眾生都能聞到這部經，證得涅槃的快樂。

囑咐的涵義

囑咐的時候，這句話非常重要，說我們現在聞到《地藏經》了，或講《地藏經》的全文，或者講大意，你就知道這部經是諸佛所護念的，特別是在第九品〈稱佛名號品〉，地藏菩薩說諸佛的名號，哪有聞到、聽到、耳根聽到一遍就得度、得加持。我們不論哪位道友，一出家之後，經常祈求佛菩薩保佑我們，加持我們，祈求、希望是一回事，究竟能否得到加持，那又是一回事。

你若聞到《地藏經》，依照這部經所教導的方法去修行，那就得到加持。比如說你聞到這個法也就得到加持，這部經諸佛菩薩、護法天龍他們都是擁護的，如果我們照這部經裡頭所說的意思去修學，當然得到諸佛菩薩的加持。照經上告訴我們的，怎麼樣造善業，例如我們過去生做過很多惡業，怎樣把惡業洗刷清淨，那你就能得到加持。

我們有一位道友，學佛法七、八年，後來他出家了，一出戒堂就能夠說法弘法，到各地方講經。現在都十年了，他又回去見最初勸他信佛的那位老師，那老師跟他說的第一句話是，「你要信佛。」

大家根據這個意思想一想，信佛很不容易。現在我們諸位道友也問問自己：「我信佛沒信佛？」不論哪位答覆都會說：「我信佛啊！我不信佛？我學了這麼多年，頭髮都剃了，從小時候就出家了，我還不信佛？」但這是你自己說的。

什麼叫信？信佛必須有佛的知見，要相信自己是佛，那你對佛法有很明確，而且是很正確的、對佛法的認識。大家聽了這句話可能很不服氣，說難道我對佛法還不認識嗎？

信不成根 就沒有力量

對很多的學生我也是這麼問過他，雖然講經講了好多年，你還沒投入，可以說還沒有信佛。

不管大家服氣不服氣，對我這句話怎麼理解呢？我只問你一句，既然學佛這麼多年了，能夠聽到佛經，照佛所說的話，信受奉行，做到了嗎？不論你學哪部經你信了嗎？信了就領受，受是領受、承擔了，而後絕對照這樣做，做到了吧！如果沒有信受奉行沒有做到，那你的道心就像流水一樣，道心不堅定，像流水一樣的道心。你看水上不是長的浮萍草，就跟浮萍一樣，浮萍在水上長著漂著，沒有根，紮不下去根。為什麼搖擺？出家好多年了，總是不定的，你的那個信心沒有根。信不成根，信進念定慧這五個沒有紮根，都沒有根。

你沒有根，如何說你信佛？沒有根就沒有力量。怎樣才能有根呢？大家看《地藏經》第一品〈忉利天宮神通品〉，講長者子看見佛相好，他也想得到，那佛就跟他說了：「你要得我這相好，必須度眾生，把受苦的眾生都度了，你的相就轉了。」

佛就舉地藏菩薩的例子：「若想得到佛的相好，你要去度眾生。」第一品的婆羅門女，第四品的光目女，都是做樣子給我們看，這樣就有信根了，像他們那樣做，那是真正信佛，真正明白。

佛者，覺也。真正覺悟了，那就有根了就信了，信了之後就發願。長者子、婆羅門女都是這樣子，信了之後就發願，我一定要這樣做。發願就是自己的願力督促，發願之後要真正的去修行，信願行三者同時具足。

我們看見《地藏經》第一品的婆羅門女，佛告訴她：「回家去吧，回家坐著念我的名號。」她回家就是念，只念一天一夜，就念到一心不亂了，因為一心不亂才能夠得到那境界，超凡入聖，這樣才叫信。

《地藏經》是讓眾生證得涅槃樂

《地藏經》是讓一切眾生都能夠證得涅槃樂，這不是假的，是事實。婆羅門女一天一夜就做到了，以此修證的功夫就能見到她的媽媽，把她的媽媽度脫了。

第四品的光目女，她修證的功夫就比婆羅門女差一點，雖然差一點也有真實的成就。《金剛經》上說，信心清淨則生實相。你信心清淨之後能生起實相，實相者即是無相，就能夠大徹大悟，悟得真心。

《地藏經》上講地藏法門，地藏菩薩能夠利益一切眾生、修行證果。第六品〈如來讚歎品〉的當機眾是普廣菩薩，恭恭敬敬、誠誠懇懇對佛說：「我現在在這個法會當中，看見、聽到世尊讚歎地藏菩薩有不可思議大威神德行，我很希望世尊給末法的眾生說一說地藏菩薩如何度眾生？使人天眾生都能夠得度。是什麼因緣使他度眾生都能得成就？」

每段經文都是菩薩替我們請求，法身大士本身是不需要的。《地藏經》第五品〈地獄名號品〉，普賢菩薩請地藏菩薩說一說地獄的名號，也是他啟請教化我們眾生，普賢菩薩他還不知道地獄名號嗎？不是的，是代眾生請問。

普廣菩薩也是等覺菩薩，是法身大士，他看見釋迦牟尼佛極力讚歎地藏菩薩不可思議的威德神力，請世尊為未來眾生，說一說他有哪些不可思議的神力。他是替我們問的。在這個時候，佛就告訴普廣菩薩，在大眾法會中說：「諦聽諦聽」。

諦聽諦聽　銷歸自性

前頭已經講了，要特別注重「諦聽諦聽」，說我們聽經聞法得的利益不太大，沒有開悟是什麼原因？就是缺乏「諦聽諦聽」。

古來大德大善知識，他們聞法的時候，一切法都銷歸自己的自性，你修行的時候把妄想心、分別的識心都轉成智慧了，這就是銷歸自性。

聽經就開悟了，我們為什麼聽經不開悟呢？因為沒有做到「諦聽諦聽」。說淺顯一點，就是聽的時候要仔細聽、要專心聽，這樣你會有小明白，悟就是明白、開悟就是小明白。

佛說「諦聽諦聽」，說這部經涵義很深的，你要從現相上達到他的本質。從眼見耳聞當中證得實相義，這是對大乘的圓滿根機這樣說。我們達不到這種境界，連小乘初果的聖人都沒有做到。初果聖人已經斷了八十八使見惑，他把見惑都斷盡了。我們現在的見惑，還不說八十八品，連一品也沒斷，不但沒斷還天天在增長，怎麼能做到專心聽。所以受用不大，要得受用、得到利益，必須一心，專心就是說沒有二心。

拜懺的時候 不可以用三心二意頂禮

我們拜懺的時候，前頭兩個字都是「一心頂禮」，不可以用三心二意頂禮。換句話說，心裡不要打妄想、心裡不要散亂。一面聽一面打妄想，那就是二心，一面聽一面想心事，這也是二心。一心，只是聽，心裡一個念頭都沒有，這就叫一心聽。

聽懂的也要一心聽，不去思考，在聽的時候不去思考他，不懂也不要去想；不懂就算了，還是專心聽不去理會，更不要去研究討論了，這叫一心聽、專心聽。這樣的聽法容易開悟，多聽幾遍。每聽一遍都有一定悟處，多聽幾遍全部都是悟處。

為什麼不要研究呢？在聽的時候絕對不要研究，你一研究一思惟就落到意識裡頭，不是真心聽了，不是一心了，變成三心二意，三心二意怎麼會開悟呢？

在我們凡夫，第八阿賴耶識是心，第七末那也是心，第六意識還是心，這就是三心。末那跟意識兩個都是意，這就是二意，三心二意。權乘、小乘的根機，用的都是三心二意，現在我們用三心二意用的很習慣，自然現前。要是把識捨掉，用根就是一心。根就是六根的根性，佛所講的「諦聽諦聽」，用你的性來聽，用聞性來聞、用見性來見，所以他容易開悟，沒有不開悟的。

《地藏經》都是從事相上說，每個事相都包括全部的真理。對我們來說，許許多多就是生活現前的事。事必定包含有理，有事必定有理，事理無礙。因為理能成事，沒有理的事不存在。因為有了理，你明白理了，這個事看得很清楚，要不然簡直是神話。

我們都說忉利天、地獄，這不是神話嗎？一個天上一個地獄，不是人間！人間沒有，是在忉利天說的是地獄事。所以如果不明白理論的話，那你聽《地藏經》完全是神話，理論明了，之後再給他講這些事，自然就相信。

這裡頭盡講鬼神，地獄、三惡道都是鬼，天上是天人，說法是在忉利天說的，佛告訴普廣菩薩說未來的事，佛在說法這個時候的未來，就是我們現在。說那個時候，若有善男子、善女人，聞到地藏菩薩摩訶薩這麼個名字，心裡非常激動，或者合掌、或者讚歎、或者頂禮、或者戀慕，他所做的超過三十劫的罪，立即消滅三十劫罪，就是這麼一聽見地藏菩薩摩訶薩這個名字，或見地藏菩薩的塑像，或合掌或讚歎、頂禮，利益就有這麼大，大到簡直使你不敢相信，三十劫。

一劫時間有好多？人的壽命從十歲過一百年增一歲、過一百年增一歲，增到八萬四千歲，從八萬四千歲過一百年減一歲，過一百年減一歲，減到人的壽命十歲，這麼一增一減才是一劫、一個小劫。三十劫的罪惡，所做的罪、所做的五逆十惡都算，就這麼聞到地藏菩薩的名號，心裡生歡喜心，一合掌、一讚歎或者頂禮都算數，你信得過可以消滅三十劫罪，要生起絕對的信心。

我們過去或者現在對地藏菩薩，是否有這樣信心呢？聞到名號就讚歎恭敬。這個地方所說的善男子、善女人，不是菩薩的善。善男子、善女人是指一般的，我們最初講的善是二乘的善業。第一條是受持三皈，像我們經常受三皈，這是有名無實的皈依，有名無實效果不大。

現在諸位在座的道友都受過三皈，可以稱為善男子、善女人。皈是「反白」，惡業、黑業都沒有了，都反成白業了，你反白沒有？再通俗一點說，皈是回頭回來了，你現在回頭了沒有？依是依靠，你依靠的是什麼？即或是人天的善業，我們是不是十善都做夠了呢？這是人間的十善。

地藏法門的修學 要求很高

地藏法門的修學要求很高，比念佛往生西方極樂世界，比帶業往生還要高一層。在人天福報上，孝養父母、奉事師長做得如何呢？做的夠不夠？或者有人認為我差不多都做到了。一切眾生是父母，慈心不殺，不是事實的殺業，是心裡頭永遠沒有殺害眾生的念頭，是對這樣菩薩說的。

你認為吃長素，就是不殺生，不是這樣意思。世間的身不殺生、不偷盜、不邪淫，口不妄言、不綺語、不惡口、不兩舌，意裡頭不貪、不瞋、不癡，不癡是非常難做。看問題一點偏差都沒有是非常困難的。因為我們都是用識的分別，不是用智慧。

如果十善業都沒有做到，世間善人的資格是沒有的，那你怎麼得實在的利益呢？這個地方講的善是大乘菩薩的善。我們學佛的時候要深入一些，你修行的功夫才不會白費，你能得到真實的利益。一樣念佛、一樣磕頭拜佛，因為你心用的不夠、不能一心，所以失之毫釐、差之千里。一念之差，那個距離相當遠了。都是磕頭、拜佛、念佛、看經，有些人是用智來看經，你是用識來看經，智跟識完全不同。有的人閱藏經，不用分別心，而是用根對境，中間不假識分別，那個根和識漸漸變成智慧。

佛在《地藏經》第六品〈如來讚歎品〉跟普廣菩薩說，許許多多的利益都是事實。這個事實做什麼用？啟發我們的信心而已。從這個信心讓我們發起清淨的願，大家特別注意，你的願裏頭沒有夾雜任何貪瞋癡煩惱在裡頭，確實是清靜的願來修行地藏法門，來學地藏菩薩，效仿地藏菩薩。

所以佛在第六品讚歎地藏菩薩，讓我們效仿地藏菩薩、學習地藏菩薩。大家讀經時都知道，造惡業的那些人，造的都是哪些罪業？經的全文說的很具體。

經文像鏡子　用來照我們自己

經文像一面鏡子，可以用它來照我們自己，看我們是否犯過這些罪嗎？如果我們做過這些罪，那我們就要承受，不承受也不行。承受是怎麼樣情況呢？墮三塗，也就是墮入地獄、餓鬼、畜生。反過來我們學了佛法，有清淨的信心、有清淨的願力，《地藏經》你讀多了，罪業也就消了。但是有些道友經常說，讀經讀的發燒發熱，有時候讀到汗毛都豎起來了，我說你的罪業消失了，應生大慶幸。有什麼恐怖？罪業消失了還不高興。

我們起心動念有好多過失，用經對照自己的心、對照自己的行為，心即是念頭，行為即身口所做的，用經上跟你的心裡、跟你的行為對照。地藏菩薩說：「南閻浮提眾生起心動念，無不是罪，無不是業。」起心動念都在造罪，假使要想消滅你的罪，怎麼樣能夠消滅？那我求佛菩薩叩頭拜懺，不就消滅了嗎？或者讀誦大乘經典。這個用處不大了，用處有、但是不大，什麼樣才有用處呢？就是你的起心動念。正在責備這個道友的時候，你是大慈悲心，人家聽到好像是你在罵人，其實你是大慈悲心。

從起心動念處下手

這是從本質上看、不要從現相上看，也就是從所謂起心動念的地方來下手。我們這樣起心動念時，把惡念、惡行為改正過來，這是真實的修行，斷煩惱是在這裡斷。真正修行是在起心動念那個地方下手，把你的惡念惡行為改正過來，這才叫真正的修行。不是坐那地方，口裡念著糊塗咒，心裡想著貪瞋癡，你能有用處嗎？咒語都是大智慧，真正跟咒語結合了，咒的每個字都是以法界大總相法門體，光明徧照的意思。你把心扭轉過來，這是真正的修行。因為你一看，就知道檢點自己的身、檢點自己的心，離開日常生活外沒有修行，這是真正的了義。

將來大家誦《華嚴經》，《華嚴經》就告訴你，處處注意你的心，注意你的念頭，用不著參話頭。你這樣來念阿彌陀佛，是真正的念阿彌陀佛。口裡念阿彌陀佛、心裡想殺害眾生，你說有用處嗎？

有位老太太口裡念「阿彌陀佛、阿彌陀佛」，「小孫子你拿壺開水，把灶上灶角的蟑螂澆死。」一念這句「阿彌陀佛」有什麼用處？口裡念「阿彌陀佛、阿彌陀佛」，連打個電話也念「阿彌陀佛」，把「阿彌陀佛」當成一個口頭語，這樣有用處嗎？沒有用處。

《地藏經》說的很清楚，你要檢點自己的身心，在日常生活當中，對人、對事、對物，你起什麼心、起什麼念頭？真正會用功的人，真正能夠學佛得大利益的人，是從他的念頭做起的。

打得念頭死　許汝法身活

經常有那麼兩句話，大家都會念：「打得念頭死，許汝法身活」，不是把好的打掉，而是把妄念打掉，妄念沒有了、轉成真念，是這涵義，真心念佛的那個真，跟佛是一個的，心即是佛。妄念念佛，跟佛是二個的，佛是佛，妄是妄。

所以佛對普廣菩薩說，在未來世的時候，有的男子女人苦得很，他有什麼現相？久處床枕，在床上睡覺活不活死不死，求生不能求死不得。我們現在有很多道友，或夜夢惡鬼、或夢見六親眷屬，或夢見走險惡道路，或多魘寐或共鬼神遊。

「久處床枕」是什麼情況?是老人病,老人不能動、手腳不靈活,六十歲以上都叫老人,這種現相很多。再嚴重一點說是植物人,神識已經死了。這種病人,或者家裡六親眷屬裡頭有這樣病人,你用什麼方法來幫助他呢?求生求死,了不可得。有方法,不是沒有方法,問題是不信,你跟他說,他也不相信,他還是在醫院倒著花錢吧!他不肯接受,你也沒辦法,要是肯接受肯相信,用地藏菩薩教導我們的方法去給他解救,他就能得救。

第二類「夜夢惡鬼,乃及家親」,常常做噩夢,夢見惡鬼。夢見家裡過世的人,已經死的人,這種事也是常有的。

美國鬼屋的故事

還有一種並不是夢,睜著眼睛或是見到鬼的,這是很可怕的。我們在舊金山,有位女居士租了一間房子,我們到那裡,哎!這間屋子是鬼屋,沒人住是空的,房租非常便宜要小心點,不要租到鬼屋。

她就租到鬼屋了。因為她剛到舊金山不知道,貪便宜,房子又大又好,就住進去了。這房裡有鬼，半夜就出現了，沒有出現之前臭味大的不得了，奇臭無比，然後那鬼就現在她的面前，讓她非常恐怖，要奪她的命。

她是念佛的，看見鬼一步一步往她前面走，她就拼命大聲喊：「阿彌陀佛！阿彌陀佛！」就這樣念，她一念，鬼就不敢往前走，大概總是距離她三尺這樣子，念到快天亮鬼跑了，她一念阿彌陀佛，鬼就不敢靠近她，接連好幾天都是如此，夜間出現，她就拼命念佛。

有人勸她說：「妳趕快搬家吧！這樣妳天天生活在恐怖中。」她說：「不要搬。」我們說：「為什麼？」她說：「鬼幫助我，逼迫我天天念佛，不敢不念。那時候一心一意什麼心都沒有，就是念佛。」她說：「還是有好處，他是我的增上緣。」如果你夢見已過世的家人，這是他有求於你不是害你，因為你現在學佛，懂得很多方法能救這些苦難，他是來求你的幫助。

另一種，念佛人、念經人都有護法，護法都有神通，看見是你六親眷屬護法也不擋住他，因為六親眷屬不會害你，這又是一類的。

還有做夢盡走險道，前頭無路；還有夢中喘不過氣來，想翻身也不能動，想幹什麼也不能動；夢中跟鬼神在一塊堆，或夢見非常危險的情境，晚上嚇得睡不著覺，心裡很清楚全身不能動。或者自己認為自己運氣不好了，鬼都來欺負，走運的人什麼都遇不到。念佛人遇到這種情況，或者念佛號，或者念觀世音聖號，或念地藏聖號，你只要念一兩聲他就走了。

「共鬼神遊」是夢遊，人的精神有種很可怕的現相，這也很危險，做夢是假的，但是有時候確實是真的。

我從前在農村時遇到這麼件事，他心裡想水有問題，明天早晨要把水缸裝滿，準備兩三天用的。心裡本來是這樣想，他就睡覺了，睡覺在夢中就起來去擔水去了，把水缸都裝滿。之後，他又回來睡了，並不知道水已經滿了。他第二天一早起來時就想去擔水，哎呀！水缸都裝滿了，他就感覺很奇怪，「哎！我做夢夢見擔水。」再一看，兩雙鞋全部都打濕。

你說這是做夢不是做夢？這就叫不可思議。其次，還有人不能沒有病苦，生老病死任何眾生所不能免的，除非你是成道者。究竟病苦是從哪裡來的？當你有病的時候，你可以分析分析。

最近一陣我們同學不是有很多屙肚子、頭昏、渾身都不好。那時候在樓上，我也病了一兩天，屙肚子也是這種現相，病從口入。或者我們的水發生點毛病，吃了不小心肚子吃壞了，或者食物中毒，病從口入。但是我們的肝臟有解毒功能，如果肝臟強時，解毒能力很強，這個病是從口入的，但也不是全部都從口入。

還有一種是冤業病，你過去欠人家的，怨家債主找上門來，這叫冤業病。這種病醫生沒辦法治，他看見你沒得病，冤家纏上，這種例子很多。

大家拜〈三昧水懺〉，悟達國師的故事大家都知道，那就是冤業病，冤家報仇來了，這種病苦用我們佛教的方法就是超度化解，或者給他拜〈大悲懺〉、拜〈地藏懺〉、拜〈三昧水懺〉都可以化解。

超度的涵義

超度的意思，等於是法院調解兩方肇事者，你是原告、他是被告，法院給你調解一下，調解完了、你給他做點佛事就好了。如果調解不接受，病還不能好、還要多做點佛事。一般來說都接受調解，用佛法來調解都能接受，聽到經文裡頭勸導。冤家宜解不宜結，解開了就好，越結越深，一般還是聽勸導的。

現在我們所說的，出家人對於作經懺、作佛事，假使把賺錢的部分除掉，作經懺是很好的，真正是利益眾生。作經懺，討價還價，若講價錢，這就不好，把念經作佛事作成商業了，那就糟糕了。

其實作經懺是給這一類冤業病調解一下。冤家就是過去你欠他、害了他，今生找到你，但是他聽到佛法的教導，一覺悟明白就離開你了，作佛事還是很好的，不好的是把它當成商業。

比如說你給人家念經，你也有點修行，經常受持的經，真正的修行，這效果非常的大，如果搞名搞利跟人家講價錢，效果不好，就是這樣。

業障病就困難了，你自己造的罪業很重，這不是冤家的、也不屬於飲食、風寒，不屬於這類的病，這種病非常難解，甚至誦經、拜懺都無效。

為什麼無效？因為這是自己累劫所造的罪惡，現在發起現行，你必須先把累劫罪業懺悔掉，那談何容易呢？這種病怎麼做？真正的懺悔發願，斷惡修善發菩提心。一時不能好，修行一年或半年或幾個月、打七、閉關，你造業的時候，傷害眾生過重，你要拿你的生命來修行，那你拜懺不是普通的修行。修行達到身心清淨了，再不造惡業。

這樣做起來就能減輕，也許能好，或者多做孝養父母、奉事師長、慈心不殺，用這個來換取過去的業障。也有的人一生清淨不生病，雖過去生也有惡業，不能說沒有業；但他這一生中沒有惡緣，從來沒有顯現，有因、沒有緣也不會有果報，這得遇緣了。

佛教重視緣

佛教重視緣，緣是非常重要的，冤業也得遇緣，遇到、碰到就找上了。悟達國師就碰上了，必須得因緣和合。因著什麼緣？因為他當了國師，坐上沉香木椅（旃檀寶座），心裡生起驕傲心，緣就具足。

因是沒有辦法控制的，已經過去了，控制不了；緣，我們還有辦法控制。我們現在在座的都是把緣控制住了，你落髮出家，那不是控制住了嗎？不能說這麼幾百人都沒有，他把這緣斷絕了，這叫控制緣了。我們想一生成佛做到做不到？能做到。你得照那樣去做，榜樣有沒有？有啊！善財童子、法華龍女都是榜樣，都是一生成佛的，一生可以成佛。

我們想做大菩薩，做得到嗎？能做到。你得懂做的方法，先把理論通達了，你懂做的方法，懂得理論了、明白方法了，以理論指導、以方法去進修能成佛的。一切事人人都能做到，看你怎麼付出，怎麼做。

因此我們報佛恩、報菩薩恩，就是諸佛菩薩加持我們很多，給我們助緣。但是我們要接受這個緣。

上來所說這些是在各行各業所做的業，對症的時候，看是輕是重？我們現在都有業、都有病，那你得分析這個病是屬於身體病？還是業道輪迴病？是冤親債主的病？有的人在閻羅王那邊告你，你現在不知道，沒有辦法去跟他打官司，你就病了，病了回去跟他打官司。醒的人看不見。有時候你也受刑法教誨，看到身上長瘡，紫一塊或者黑一塊，在陰間受刑，你還不知道是什麼病。這是冤業病。官司沒有完成之前繼續不斷來，昏昏沉沉，這樣很辛苦，懂得這些就知道了，

《地藏經》給我們說得很清楚。

如何面對冤業

另外有個特殊的方法，面對上頭所說這些的冤業怎麼辦呢？佛就教導說，如果有這樣情況，你應該在諸佛菩薩像前，沒有指定什麼佛哪尊菩薩，哪尊菩薩都可以，在地藏菩薩像前，在文殊像前、觀音菩薩像前也可以，高聲轉讀此經一遍。

有人說《地藏經》晚上讀不得，一讀鬼就來了！恰恰相反，如果你到晚上常時夢見到惡鬼，或冤親債主或魘寐鬼壓到你身上，出不了氣來嚇得不得了，或共鬼神遊這一類的，你到佛菩薩像前，把《地藏經》恭恭敬敬念一遍，迴向給你昨天夢所見到的，非常有效。

以我的經驗，這是有效的。我勸很多人，他來問我，我說：「你念一部《地藏經》。」他說：「我也念完了，還是不好。」

心不誠啊！剛才我就講了，你能念的心不能一心，三心二意也不能達到，多少收攝一些吧！妄念太多，一部經念下來自己都不知道念到哪裡去，這情況是都有，必須念得懇切、效果就很好。

這是佛說完這些病況之後，對著普廣菩薩說，如果這種現相實在沒有辦法治，怎麼辦呢？對諸佛菩薩像前高聲轉讀此經一遍，對他是有用處的。或有人死了或救亡，救度亡人，替他誦經、念佛、迴向都是正確的，替他作佛事做好事，給臨終人修福。

地藏菩薩教化衆生的利益

第八講

學習的目的是用

諸位道友一天當中都在學習，學習的目的是什麼？當然是用。無論你學什麼都是為了用，如果學了不用，學它做什麼？浪費時間，學了若效果不大，那你要檢查用的方法是否恰當、用的對不對。

在佛的一切教導當中，很難信入的二部大乘經典，一是《地藏經》、一是《佛說阿彌陀經》，什麼原因？這兩部經聽起來好像是神話，一個鬼神說的特多，一個西方極樂世界太微妙、太遙遠，好像我們的思想意識接觸不到。《地藏經》盡是說些很奇妙的境界，我們的智慧意識不到，有人聽了《地藏經》，最初聽時還會笑，有的人聽了卻生起恐懼。

為什麼我說這些話？最近有些道友向我問某些問題，我說：「你沒聽經嗎？」他說：「聽呀！」聽了，你為什麼不試驗一下，試驗看他經上所說的那些話是否有效果。

因此我想有一段經文還要重複跟大家講一講。我們頭幾次講的這些經文，特別是〈如來讚歎品〉第六品，在這會中有位普廣菩薩摩訶薩，他就是代表未來的末法眾生，像法已盡末法的時候，眾生特別苦，懷疑心也特別重、業障也特別深，需要有一個最善巧最方便方法，使眾生能得好處。

在《地藏經》上第六品，普廣菩薩就向佛請求，佛就答覆他，說在人天能得利益、能得到好處的事情。地藏法會大眾要好好聽，聽完了要去做。你能夠聞到地藏菩薩的名號，那對你現實的生活有很多利益。

這是從事相上，大家都能懂得道理，而且是你一天很需要的，在精神、在身體各方面都需要的，這不是神話。用在學習的時候就是明理，明白道理了，你去應用這個道理；這個理用到事上去，這些事情看起來好像是神話，其實不是的。因為有些病，醫生說你沒有病，六根六脈都很平靜、安定，可是你確實感覺不舒服，這種病就是冤業病或者叫業障，聽起來好像是笑話，其實就是你的精神作用，這種病只能用精神治療。

所以說你能見到《地藏經》、能見到地藏菩薩像，聞到地藏菩薩聖號乃至稱念，你可以滅罪。有的病確實治不好，很多事情是事實，你說我們不信入，我們都很信入的，問題就在於不能至心。不至心的話效果不大，取不到效果，你就認為是騙人的。

閩南佛學院的故事

我在閩南佛學院的時候，有個女眾同學害病了，醫生說什麼病都沒有，但她的四肢都不能動，連腦殼擺一下都不可以；後來我就跟七十四軍區醫院交涉，把她送到那裡住。醫生怎麼檢查都說沒有病，但她連腦殼擺一擺都不能動，四肢都不能動。這是什麼病？後來醫生說這種病是意症，意是心意的意，她的思想突然感覺到身體微弱不能動，四肢都不能動了，心臟還在動，你說算病不算病？

她們是三姐妹同時出家，同時住在佛學院，從閩南佛學院一開辦她們就去。像這種病是思想的意識作用。現在有沒有這種情況？還是很多，我在美國也遇到這種病，這要靠精神治療。

後來她是怎麼好的呢？有一天我帶她姐姐跟妹妹，還有幾個道友，五、六個人去那裡看她，大聲喊她幾聲名字叫她起來，她隨著我的音聲起來了，我說：

「妳下地。」她就下地了，我說：「把鞋穿上。」她就把鞋穿上，我說：「跟我走。」她就跟我走，就下來了，完了就回佛學院，我說：「好好坐著上課、聽課。」她就「喔喔！」那就沒有事了，我告訴每位同學別說她有病，誰也沒說她有病，她就這麼好了。

這就是精神作用，你說沒有，他確實有這些事。現在我們現實生活當中有好多同學，你說什麼病？或者說業障病或心理毛病、心不專一，身是出家，心不在道，沒有在道上，但確實有。

如果沒有，佛不會這樣說，佛就告訴普廣菩薩說：未來世中善男子、善女人，加個「善」字，善男子、善女人這個「善」字是很不容易，「善」字是行十善業的標準，最起碼要孝順父母、尊敬師長、修行十善，具足這樣才能成為善男子、善女人。他們聽到地藏菩薩的名號能夠得到利益，聞地藏菩薩名號或者合掌、或者讚歎功德、或者作禮或戀慕，他就滅了三十劫罪。

佛是諄諄善誘　教我們增長信心

所以佛在第六品當中，說了許多地藏菩薩教化眾生的利益。佛諄諄善誘教我們增長信心，你發一個清淨心來修習地藏法門，效仿地藏菩薩。這品經說了很多例子，不管你做得到或者做不到，要好好生起深刻的信心。但是相反的，你謗毀，信的功德有這麼大，謗毀的罪過也不小。

很多道友都讀過《地藏經》，批評毀謗地藏菩薩的也不少，不過我不願意說罪過方面，只說功德方面。現在身體所受的就應該反省自己今生究竟犯了那些錯誤，使我的身心不得安定，修道也不能進入。

比如說我們這裡住了好幾百人，為什麼人家住的很愉快，我住的很毛躁很不舒服，什麼原因？得自己找，別人的好處我沒有，那想想我的壞處。為什麼我不能跟人一樣呢？如果我過去生有這些罪過，那今生所受的豈止如此。捨這個道，你還墮三塗去了，若有清淨願行人，當你誦《地藏經》的時候，你那感受跟人家不同的，身毛都豎起來、生起大感動。

如果自己不知道，念了經，地藏菩薩告訴我們，娑婆世界南閻浮提眾生起心動念都是造罪，那你對照自己是不是這樣子？沒有這樣子，起心動念不是造罪，我一天緣念三寶力，那就對了，說明你的災難消除了很多。

有些道友向我說：「好像求佛求菩薩都沒得用，佛菩薩根本不管我。」我說：「你一天起心動念都起什麼念頭，注意到嗎？」你起什麼念頭？你為什麼還在三寶裡頭混？一天的起心動念與三寶抵觸、不信佛、不信法、看不起眾生、看人家都不對，這是自己的業，這才叫業障。

所謂修行是什麼？是你心裡一動念、一起念就把它糾正過來，讓它順著三寶，向菩提道正確道路上走，不讓它生起雜念，這個你自己很清楚。在日常生活當中你對人、對事、對物、對外境，都起過哪些心？動過哪些念？真正用功夫，不是打坐、念阿彌陀佛、聽課的時候，就在你們聽課的這個時間，每個人的心裡起什麼念頭，自己清楚。真正會修行的人，專注在一切時一切處，這是最圓滿的法。時時觀照起心動念，聽起來好像很簡單，在密宗裡，這是最大圓滿的次第，最修行的方法。密意就是思惟、思想作為。這樣入佛門之後，你才能得到真正學佛的利益。

業道論對的涵義

佛說法四十九年，盡是利益眾生；佛又跟普廣菩薩說，在未來世有男子女人，這裡沒有加個「善」字，沒加善就是惡了。佛跟普廣菩薩說：在未來世有些男子、女人，久處床枕、求生求死，了不可得，或夜夢惡鬼乃至家親六親眷屬，或做夢走險惡道路，走不通的、可怕的，或睡覺夢見魘寐鬼來壓他出不來氣，又焦急又動不得，乃至跟鬼神一道遊；不是一天、二天，日月歲深，經過很長時間人就漸漸消瘦，一點精神都沒有，睡覺中叫喚，生活很悲慘，一點快樂都沒有，「此皆是業道論對」。

「業道論對」，就是在陰間閻羅王處，還沒給他定罪輕重，死也死不了，活也活不下去，想得痊癒不大可能。「男女俗眼，不辨是事。」這是佛對普廣菩薩說，佛說地藏法就是能讀《地藏經》，救度冤魂纏身或者疑難的惡病。

如果你有這種病做惡夢、精神不正常，念念聖號，念念《地藏經》。最初就是沒有真正的信心，你念念信心生起來、病也減輕，病減輕了你還沒有信心嗎？

我到一個新的地方，特別是在臺灣，經常到醫院、到監獄，這些是最痛苦的地方。我到長庚醫院，一個樓上、下兩層全是植物人；榮總醫院，這是臺北市最大的醫院，有老人病的、有成為植物人的，這些人基本上都有錢，他有錢沒地方花幹啥呢！躺在床上花錢，就這麼折磨。

這種有沒有方法可以幫他的忙？有方法他也不相信，為什麼？他不相信也不肯接受，這叫業障。他若肯接受也相信，的的確確依《地藏經》教授的方法，可以治這種病。這是佛跟普廣菩薩說的，是真實語言不是欺騙，社會上就是有這些事。

「夜夢惡鬼，乃及家親」，常時做惡夢，我們很多人常時夢見怪頭怪腦的現象，夢見惡鬼或家裡死去的人，無論父母、兄弟姐妹，這都有一定業緣的，有的睜著眼睛看見、惡鬼就在面前，看你有沒有這種業，沒有這種業你不怕的。

宋朝宰相的故事

過去宋朝有位宰相，那時候他是個秀才，夜間上廁所，看見佛經所說的聻頭鬼，一跳一跳像一座燈似的，一跳一跳緊跟著他，他上洗手間，鬼就跟到洗手間去，那時候沒有電燈，出門拿個燈籠，這倒不錯。他說：「來吧！你在這兒別動，這燈籠你給我拿著！」燈擱著那兒，那麼鬼就不敢動給他頂著，等他洗手完了把燈籠提起來，說「好吧！你走吧！」

這是什麼心情？他當成遊戲，後來一直做到宰相。我們出家人如果看見了，可以給他念幾聲佛號。「你求我超度，我給你念聲地藏菩薩聖號，讓你早脫離三塗痛苦。」

我在紐約有一位從臺北來留學，畢業後在那兒工作，她跟日本公司的經理結婚，他們二人住一棟房，突然間有一間房奇臭無比，門只能關著，還好這是她自己買的房子沒有關係，臨時賣也賣不掉。

因為以前跟我受過三皈依，她來找我，我就跟她念念《地藏經》，你說不靈？一念《地藏經》這味道沒有了，我就想起跟這段經文的意思一樣。起初是奇臭無比，後來現恐怖相，但是還沒有到現行的時候。這是冤業，他本來是要奪她命的，現在藉著《地藏經》消災免難就過去了。

這種事情不管你信不信，照樣都有。特別是美國的鬼屋很多，你說不怕，不怕怎沒人敢住，連外國天主教徒也不敢住，這種事情絕對是有的。

面對鬼神　要考慮自己的功力

我們出家人沒有特殊因緣，也不會去招惹，人一說你就去治病了，也不要逞能，逞能是不行的。要考慮你的功力夠不夠，如果功力不夠，你有虧心事也不要惹人家；惹人家你倒楣，自己還不清淨，人還可以欺騙一下，鬼神你欺騙不了，它是有通的。

「夜夢惡鬼乃及家親」，現在很多道友不是有這種情況嗎？遇到心裏不安定、發煩的時候多念地藏菩薩聖號，你不要出聲，自己念吧！或者夜裡夢見很不清淨或晚上一睡覺，鬼就來了，這種事情很多。

為什麼我們信了佛或者出了家之後，還有這種現相呢？以前怎麼沒有？這是個問號。有人這樣問過我，中國有句老話：「放下屠刀，立地成佛。」那句話不是說你放下屠刀立地成佛，而是就從今天起，放下屠刀止惡行善。

大家學戒律，知道止持與作持，止是一方面，最重要的是你要去做。我們一天都要作羯磨法，這是什麼意思呢？要辦佛事，按照佛的教導去辦事。止，你不作惡，但是善業你做嗎？一念之差會找上你的，因為你過去是惡人、不敢找你，你比他還惡，惡鬼不敢找你，鬼怕惡人，意思就是你的業比他的業障還大，他不跟你鬥業障。他找到你是你回心轉意了，要做好事，好吧！你做好事，那你欠我的債該還我。你做的好事特大，他也不敢找你要，近不了你的身邊。大家拜〈三昧水懺〉，悟達國師因為一念之差，冤業就找上來了，那叫冤業病。

天天念《地藏經》不會有冤業病

我們天天念地藏菩薩聖號，天天念《地藏經》不會有這些事，除非你心裡起妄想、起造業的思想，沒起造業的思想立竿見影。為什麼要照顧念頭？經常有這麼句俗話：「打得妄想死，許汝法身活。」要想法身回到三千大千世界，先把念頭消滅掉，把壞的念頭消滅了再許可你法身活。

佛門對治冤業的方法是化解，不是強制的。用佛教方法給他超度，給冤家調解，悟達國師也是用調解方法，用三昧水洗一洗，他接受就走了，他也得度；要是還纏著你，那沒辦法了。

「超度」就是冤業調解的意思，拜懺、念經、念佛就是給他調解一下，冤業肯接受了，他也解脫，那你的病就好了。若不接受，病還是不好一直纏著你，恨之入骨，一直纏著你不聽勸導。修行的人有大力量、法力無邊，護法神強制讓他走開，冤業報來報去沒完沒了；你一旦覺悟明白了，那就算完了，冤業就解開了。

假使你修觀行力很強，觀想一切諸法皆空，心沒有、身體也沒有，你報到什麼地方去？什麼都沒有、報也空，「業障本空唯心造」。我的心都沒有了，造業都沒有了，業還存在嗎？你有這個力量嗎？有這個力量什麼都沒有了，沒有這個力量一切都有。

業障病是我們自己造的業很重，帶到今生來；你今生雖然是過去的善根發現，遇到佛、法、僧三寶得救了；一天誦經、拜懺、禮佛，冤家不是這個情況不找你了，如果過去業太重還是找到你的。一種靠自力，自己救自己修行。一種還靠他力，諸佛菩薩不如現前大眾僧，供僧打齋結緣。請眾僧幫你解冤，隨時供養大眾僧，若沒有經濟力，我現在當清眾、持銀錢戒，人家供養你隨喜，人家拿鮮花供佛看誰打齋供眾，你隨喜也參加一份，就是看你的心。

剛才我們講的念，念頭在什麼地方就是什麼地方，這就是因緣和合，能夠控制緣、不能控制因，這個緣來了可以拒絕，我不接受。假使我們幾百人都是年輕女眾或者年輕男眾，難道他們沒有世間的夫妻因緣嗎？都有。我現在拒絕就沒有了，緣不具足，你現在一出家，緣沒有了停止了，那也就沒有了。

如果今生你修行的好，從現在起，不但現在斷絕、永遠就斷絕了；今生修行不好，沒有成功來生一轉了，出家因緣不具足了，這些善友大家沒有了，那你一個人又落入塵緣去，就這麼無量劫來回在六道輪轉，這叫「業道論對」。

像這些問題，佛對普廣菩薩說得很清楚，這是佛教導我們，對治冤鬼纏身或者業障的修行方法。

我當小孩時，還沒有出家之前就有很多的經驗。小的時候大概七、八歲，父親得一種病，每天一睡覺，從腳底上冷，一直冷到心臟，人就像死亡一樣非常恐怖。後來讓我去陪父親，跟父親一塊睡，這種病就沒有了，這也給我種下因緣，將來我可能當和尚就是這樣的情況，這都是有因緣的。

高聲轉讀《地藏經》

佛最後教導我們對治一切冤業，一切惡鬼纏身，一切業障病，修行的方法做什麼呢？你第二天早晨不做夢了，在佛像前、菩薩像前把《地藏經》恭恭敬敬念一遍，或者沒有這麼長的時候就念半部，半部也念不到，念二品或者念一品也可以，「高聲轉讀此經一遍」，這種情況漸漸就好了。

佛每部經都有說修行的方法，對治什麼，指示得很清楚，但是你得去做，病人本身實在不能做，病的太重了，倒在那裡不能動，佛又說了給臨終人修福吧！你要處置的時候，你把他最心愛的東西，或者衣服或者寶貝，或者他的莊園別墅家宅，對病人面前跟他說，我現在為這個病人，我是他朋友或是我是他的親戚，對著經像把他這些東西都捨了，供養經書、供養佛像、供養塔寺、或者燃燈或供養常住了，讓這個病人知道把他的錢財供養印經或者做佛事，那他的病苦就消失了。

現在我們印經書可不像過去印經書，現在要印幾千本經書很快，乃至於印上萬本都很容易，價錢也不太貴。造佛像也如是，泥塑木雕的，我們五台山造佛像太多了，泥塑、木雕的都好。以前工藝不發達、交通不發達才多塑像佛，或者多修寺廟，那寺廟愈修多愈好嗎？這是讓大家種福田。現代社會交通發達，在美國、臺灣有些大德主張寺廟不要太多，一個縣市有一座廟，大家可以修行就好了。

還有一種方法，我們不是燃燈供佛嗎？現在我們這個燈油煙沒有，電力燈光明比油燈還大，人也不受傷害。燃燈的意思，大家一定要懂得，為什麼要燃燈供佛？捨己為人，犧牲自己幫助別人，燈就是這樣子照亮別人。

捨身、燃身、燃臂、燃指 不一定非燒不可

在好多大乘經典上，如《法華經》所說的捨身、燃身、燃臂、燃指，這是表法的不一定非燒不可的。

我跟一位法師討論這個問題，過去的虛雲老和尚、八指頭陀燒了兩個手指頭，他問：「你有什麼看法？」我說觀世音菩薩，兩隻手不夠用，變了千手千眼。你兩隻手燒完了怎麼度眾生？腦殼燃燈也是這樣子。兩手兩眼你都沒有了不要了，都燃燒供佛了，你還怎麼用？

其實燃的意思是犧牲自己幫助別人，千手千眼不止觀世音菩薩，每位菩薩都能示現，不只千手千眼，還現千身萬身。像《地藏經》地藏菩薩現那個身，無盡身雲，像雲彩那麼多，那我們靠雙手幫助別人，讓別人得度，不是把雙手都燒掉了才算成道了。愈燒火愈大，煩惱愈重瞋恨心愈重，把妄想都燒掉最好，要發願幫助別人，所以在經義上說，教導我們捨身燃臂，要捨身為人，是這個涵義。

如果燃身、燃指供佛的時候，你要考慮考慮，這時是怎麼發心？指，我沒有燃還在，燃燈我小時候燃得很多，大了就不做了。這可以有兩種說法：一種是道心退了，一種是明理了，明理就不作糊塗事。那時候我不明白，認為這樣子才能換取智慧，結果不是這麼回事。

捨自己為別人，說連我自己的身體都能捨，何況身外之物呢！我也看見我的道友燃過指、燃過燈，不過他的東西動一點都不行。

我跟他說：「你連手指頭連身體都不愛了，那衣物算什麼呢？多捨點給人家吧！」他說：「那我穿什麼？」那你不能跟他說什麼了，所以一定要明理。學佛法的時候要把道理搞明白，讀經的目的是作什麼？糾正錯誤。就像我們每天照鏡子，對照自己哪裡髒把它洗一洗。讀經的時候，你一天思想變化很大，一讀經，地藏菩薩這麼樣說、怎麼樣做，哎！我今天做很多錯事，是這樣一個涵義。

佛就跟普廣菩薩說：你若見有人讀這個《地藏經》乃至於很短暫一念讚歎《地藏經》，或者見《地藏經》很恭敬；你要設千百方便，一定勸這個人精勤莫退，這是好事，做得非常對，繼續做下去，現生你就這麼做，能得到千萬億不可思議的功德。

有的道友或者這樣說：「一天都念《地藏經》，不但恭敬還持誦、禮拜，我怎麼也沒有得到功德？」現在還沒到，未來就知道你能得到，一點都不會喪失的。

現在我們最壞的毛病，就是愛說別人的壞事情，看別人有一點錯誤就把它發揚光大；看別人有一點好事情很怕別人宣揚出去，隱瞞不傳，這是每個人的通病。

我們出家人也不例外。和尚跟和尚遇到、和尚跟比丘尼遇到了，說哪個廟不好，就是他的廟好；其實他也不住，到處跑，這是社會最不好的現相。國跟國如是，人跟人如是，標個好名譽，這叫競爭。人跟人競爭，商業跟商業競爭，明的說競爭，實際上就是把人家踩在底下、自己發財。這樣世界怎麼能好呢？見別人善事，他內心不生起慚愧，隱瞞別人的善事、破壞別人的善事。對治惡人，現在的世界以懲罰為主，看見這些惡人都把他們槍斃了，不是希望惡人能回頭、能改過。

我這回在臺北監獄跟臺中監獄開示的時候，他們彼此已經都犯了罪，有的判了死刑，死刑犯跟死刑犯住在一起還互相攻擊，那沒有必要吧！活不到幾天了，還不改過遷善嗎？

願人人做好人，這才是菩薩心。並不是看見那些壞人就不救度他，地獄沒有好人，地獄還有好人嗎？十八層地獄底下阿鼻地獄、無間地獄能有好人？還是有好人。他不是一點善業都沒有，在這個世界上再惡的惡人，他還能夠生存一定有他生存的條件，不然他活不下去。

我們四眾弟子，願一切眾生都能改過向善，希望人人都能回頭、都能做好人，再別作惡人，這樣才是菩提心。不是聽見哪個道友、或者看見哪個寺廟、哪個人，聽人有壞事到處給人傳，使他到別的寺廟也住不下去，不能留他單。那個心很壞了，這能是出家人做的嗎？現在出家人就有，看這寺廟比他的寺廟好，想盡方法破壞這個寺廟。

我說這些話不是隨便說的。每個道友都有小廟，你用眼睛看，用你耳朵聽，口不要說，看完了聽到了你改正，你發願糾正，喔！怪不得說是末法，什麼叫末法？這就是末法。三寶弟子都這樣子，何況在家社會呢？

所以佛告訴普廣菩薩說：你若看人讀誦《地藏經》，乃至一念讚歎這部經，你想種種方法讓他別退心一直做下去，這是佛的大慈悲心。佛不止囑咐普廣，特別是到了第十二品，囑咐觀世音菩薩更重更多，這些大菩薩都受到佛的囑託，弘揚《地藏經》都是法身大士。《地藏經》好像很簡單，就是鬼神、就是世間法；

但是意義非常的深，你要想度眾生到最苦的地方去。

十齋日怎樣修

佛還同時告訴我們：修十齋日，這是對沒有時間修行的人，說你抽這十天做點好事，做一件比你平常做十件還多。

十齋日怎樣修？十齋日出自《地藏經》。在我們日常生活當中，這十天非常重要。打七也是出自《地藏經》，這是地藏菩薩利益一切眾生具體的事實，但你要細心體會，才知道怎麼樣做法。

十齋日不是吃素，不是不吃肉叫十齋日，說你吃東西要有個分齊，並不是過午不食就叫分齊。吃不要太飽，吃七分飽就可以了，愈是好吃早一點落筷，免得生胃病，不好吃的你也把肚子填到七成，不要在飲食上生貪念，這個齋是齊限義。

我看很多道友過午不食，持了這一戒，他在上午可以吃的時間，一直都在吃，我說：「這叫數數食。」他說：「水果沒關係。」只要往嘴裡擱都有關係，怎麼能沒關係？

「數數食」，大家學過戒，這也是一條，吃飲食還有好多呢！好吃盡吃，不好吃死也不吃。在生活當中，不論口身心、妄念，有時佛制戒有條文，有些沒有條文，有的在菩薩戒才有，比丘戒、比丘尼戒條沒有，或在想一個什麼這還犯戒嗎？隨便想什麼不犯戒，佛沒有制，但是你犯錯誤，你不是想想而已，你想想就跟著跑了。

你那個心非常壞，壞就壞在這一點。你一念妄想，馬上警覺把他斷住，這沒事。它打主意，隨著妄想想，想出的問題很多，殺、偷盜、婬欲，三業上最嚴重的殺、盜、婬犯的很多。

因此說平常做好事的時間沒有，這十齋日你做點好事總可以吧！每月這十天當成一個做善業的善舉，並不是說這十天過午不食，那二十天我照常吃，不是這個意思，這樣理解就錯了。

「過午」，一般是指中午的時間，十一點到一點鐘，我們經常以為是十二點，其實十二點後頭還有一個鐘頭，自十一點到一點鐘，兩個鐘頭算一個時間，二十四小時算一晝夜。在印度，佛那時是晝三時夜三時，叫晝夜六時，不是二十四小時。現在我們根據科學，世界都一樣的定二十四小時，兩個小時一個辰時，午時是指十一點到一點鐘。過去有老和尚則是拿日晷來看，說太陽日影偏了，不能再吃了。

十齋日是說這十天你要去修行，不是說這十天我過午不食，那二十天我就照樣吃，也有的人是這樣來講十齋日。其實佛在《地藏經》說的十齋日，是說你在平常沒有修行的時間，每月這十天當中，一定要提出來專注的修行。

現在連十天恐怕也不行了，頂好利用星期六、星期日，我們把它縮減到八天。現在我們國家一週是五個勞動日，有兩天休息。總之說的是你在能夠抽閒的時候。現在我們的工作有很多變化，有的當夜班，我們有些弟子輪班，像在飛機場，今天我上班，明天我休班，後天我上班，大後天我休班，是講隔日，不講星期天。如果你是賣飛機票，那不行的，每班都有飛機，你說今天星期五不飛吧！這不可以，飛機還是照常飛。

你修行吧！只要有飛機起飛，機場服務人員就不能有脫班，是這樣輪著休，十齋日也是根據這個意思來形容的。

因為我們平常沒有下決定，那我用七天的功夫打七，在這七天當中我修行，有時在佛七的時候累的不得了，過了佛七了，那七天很精進，過完了我得好好休息休息，這樣的修行是一曝十寒。

還不如在平常的時候好好修行，天天如是就可以。因為你沒有時間，就這樣子的修，無論七天也好、十齋日也好。大家記住，那些開悟的人、那些成道的人，大多數在四十歲以前就解決問題了。四十歲以後，體力不行了。至於身心健康的，那是特殊情況，並不是人人都如是。六祖大師二十四歲就開了悟，明心見性，很多祖師在年輕的時候就成道了，釋迦牟尼佛也是三十多歲就成道了。

等到老了，就需要別人幫助，自己的體力不行了，老跟病兩個是挨著的，老的本身就是病。我今天不行，等明天再修行，明天不行等後天再修行，你要等到什麼時候?你哪天發了心哪天就修行，就從那個時候，沒有時間限制的。

生活要自己調養，人的飲食是為了身心健康，沒有飲食也不能修行，也不能成道。所以佛在世時托鉢乞食，早晨出去乞食，中午再出去乞食，晚上再出去。

乞食的地點離很遠，住在森林裏、住在墳墓間離城市很遠，走到市裡頭乞完食就半天過去了，那你乞完食回來坐下吃飽飯，下午他又要出去乞食，那一天就去討口子吃飯了，哪有修行的時間？

中國的習慣，早上吃好點有營養一些，因為你一天要做事就靠早晨。美國最近也改良了，美國原本是早晨不吃，晚上下班了，沒事了，領一家人下館子去吃了，家裡做飯很少，只要他還有錢就下館子，美國人是不存錢的，有一個錢就吃一個錢，他還要貸款去旅遊，他吃飯是這樣子。

現在他改了，這樣對身體不好、營養不好，早晨要吃得好、吃得飽，晚上不吃。過去是晚上吃得飽、吃得好，早晨不吃，現在說這樣對身體不好。

在我們佛教，什麼時候都不要吃過飽，吃七分飽就行了，那你的胃病就不會有，有胃病也養得好。日本人提倡斷食療法，美國人也在提倡，我們和尚也經常講打餓七，七天不吃飯，七天不吃飯是可以，十天不吃都可以，但是得飲漿。晚上吃好一點、吃少一點，減少睡眠，吃得飽、睡得著，吃少的時候睡眠很清靜、煩惱很少。

人這個身體是一部小機器，機器就要運動，一切機器都要運動，人是機器也要活動，活動機器都需要能量，沒有能量怎麼活動，你吃的飲食就是添補能量，推動你的身體運轉，這是很合理的，佛也如是。

我們出家人要保持心地清淨，隨時要念念不忘：「我是修行者，我要了生死、離煩惱、證菩提。」這樣還會想去飲食嗎？十齋日就是讓那個沒有時間修行，被這個五欲境界所纏，為了生活奔波、為了家庭，不得不這樣做而設的方便法門。

我們出家人不能這樣做，不要自討苦吃，所以佛教導我們，比丘有病當減飲食。

不吃葷肉 是誰提倡的

大家知道吃素不吃葷、不吃肉是誰提倡的？不是佛提倡的，佛沒有提倡素食，佛一生都在吃，你給什麼吃什麼；但是有個原則自己不能做，向人家乞討沒有揀擇的，說：「你做這個不行我不能吃，他還給你再做一份嗎？」不可能。

佛教到中國來還是隨著中國的方便，葷素一起吃，到了梁武帝的時候才改良的，但是素食確實對人的身體健康非常好。

現在的世界醫學業研究證實這點，所以外國素食館一年比一年多，他吃素是為了健康，學佛的人吃素也要保持身體健康，如果身體不健康，妄念特別多，沒法修道。

你知道疾病的根源是什麼？病從口入；還有一個是妄念多，這也是疾病的因緣。你打妄想會失眠，失眠對身體是很損耗的；當你打妄想，想到頂點的時候什麼都放棄了，容易得精神分裂症，妄想就是製造精神分裂症的來源。說這個人妄想非常少，他的病也好的快。他也有病，一病很快就過去了，錯亂一下就糾正過來了。

因為心是一切主宰，心理健康了，身體自然就健康；如果心不健康、身體永遠健康不了。你看有道心的道友，他的身體永遠是健康的；胡思亂想的不是這個毛病，就是那個毛病，想的腦殼都快裂開了，那就得了精神病精神分裂症。

我們出家修道者一定要減少妄想，隨時照顧你的心念，我們天天都是齋日，並不是這十天才修道，那二十天都幹什麼去？我常用這個比喻，我們是專業的，在家二眾信佛是副業的，附帶修行的。但我們不是，我們吃飽飯、睡足覺就是專業來修行。專業是幹什麼呢？了生死。生死怎麼了？斷煩惱，把你的心念看護好。所以在家人信佛的二眾，他修清淨心就在這十齋日，我們修清淨心，天天、時時、念念，知道生死就在我們念念之間。

正念現前

我有個皈依弟子，當他出車禍時，人從車裡飛出來，飛到高速公路旁邊，在這一念之間，他說：「嗯！我要死了，阿彌陀佛來接我來了。」不過阿彌陀佛沒來接他，他也沒死。

後來他跟我講當時的情境，他還能夠有正念現前，人到那時候就昏了。當他車一撞猛烈一彈，彈下去正念那個思想，第二念容易有嗎？保持清醒他能知道自己出車禍，被彈出來，就是那麼一剎那間，他也沒有受什麼傷，嚇了一跳。

像這一類的事情，他跟我說：「不可思議。」平日保持心念，到這個時候能正念現前。我們修行人，到時候正念現不了前；當你害病的時候、睡覺做夢時可以用作夢來體驗，做惡夢、做壞夢，正念不現前；正念一現前那個不好環境馬上就沒有了。

可能很多道友都有這種經驗。當你睡覺做惡夢，一做夢，你想起來念觀音菩薩、念地藏菩薩、念阿彌陀佛，只要念佛、念一句經典都可以、念半句偈都可以，到地獄門口去了，念「若人欲了知，三世一切佛」，地獄就沒有了，「應觀法界性，一切唯心造。」下兩句還沒念出來，只念半句地獄就空了。在這個時候就是不容易保持正念，正念現前一切都解決問題，要天天用功保持你的正念，才是真正的修行。

要是這樣還不行，其他還有辦法。現在大家念《地藏經》的人不少，也不一定是說那個文字，總是憶想地藏菩薩的精神，觀世音菩薩救苦救難的精神。

念〈普門品〉還是念《地藏經》

有人問我念〈觀世音菩薩普門品〉好呢？還是念《地藏經》好呢？我說：

「如果你貪圖少，就念〈普門品〉，有時間就念《地藏經》。」

但是你的思想不要起分別，觀音即是地藏；地藏即是觀音。〈大悲咒〉裏「那羅謹墀」就是觀音菩薩化現地藏菩薩相，這個在〈大悲咒〉八十四相裡頭的，可以看得到。

你想釋迦牟尼佛囑託觀音菩薩弘揚《地藏經》，觀音菩薩本身就有觀音菩薩〈普門品〉，他直接弘揚就好了，何必再來護持《地藏經》呢？大家想一想。

供養地藏水的修法

第九講

「橫」就是不順

地藏菩薩教授我們免遭一切的橫，「橫」就是不順。「諸橫」像飛災橫禍，想不到的事也出來了，這叫橫。怎麼樣能免呢？修。怎麼樣修？在菩薩像前先供養香、供養花、或者唱個偈讚、或勸人供養；或勸一人或多人，供養完要隨菩薩學，學些什麼呢？這部《地藏經》教授我們都是讓我們學。你依照菩薩所學的去學，照菩薩所做的去做，有無量諸善神來日夜守護你，橫事自然就沒有了。不受惡趣、不受諸橫。但是這個非常之難，要使他順當了很不容易。

大家都讀過《藥師經》，《藥師經》中佛說有九種橫死，不該死的死了。戰場上一仗打下來，雙方面動員十幾萬、二十幾萬、三十幾萬，死這麼多人。第一次世界大戰死了一千多萬人，第二次世界大戰死了四、五千萬人，在長崎丟個原子彈死了十多萬人，這都是該死的嗎？這叫橫死，不順的死。特別是最近武漢飛機失事，起飛沒有好久就掉到漢江去，飛機掉下來也把船砸翻了。連飛機帶船上死了好多人，這是說我們大陸的。在非洲、在美洲每天橫死的，如果統計起來不止十萬、百萬，每天都有如是，這叫橫。

為什麼災業這麼重

為什麼災業這麼重？大家在寺院裡頭清淨的，眼不見心不煩，你到超級市場走一走，你看海鮮店裡賣海鮮，看看屠宰場殺牛，總覺世上劫難很重。怎麼不看具體的情況？古來人講「欲知世上刀兵劫，但聽屠門夜半聲」，你知道這些橫，橫即是不順。不順當就是不按他的壽命而死。比如說你該活五十歲、六十歲，這一場發大水把你沖了，本來可以多活的，被水沖走了就沒有了，水災、火災，這是天然的自然災害，人身不能抗拒，這叫共業。就算諸佛菩薩慈悲加持也得有緣，也得跟他相通，沒緣你通不上。

文殊菩薩接一千送八百

今天有個道友問我：「老法師！不是經常聽您說，文殊菩薩接一千送八百，到一千里就把我們接來，走時送到八百里。我聽說山上也出車禍，那文殊菩薩沒接他嗎？沒送他嗎？」我說：「文殊菩薩去接他、送他，他不信，等於沒有。」

我問：「你信嗎？」他說：「我信。」「你看見文殊菩薩接你去了嗎？」他說：「沒看見。」「你怎麼信的呢？你信文殊菩薩今天你上山一定肯定去接你嗎？」他說：「我還沒有那麼信。」「沒那麼信，那就沒有，等你有了這個信心再說。」

四大名山也出搶劫，峨眉山、普陀山都出過，這些叫橫。這些所做的橫業不順，我們每人都有橫業，不順佛的教導、不順三寶的教導，當你的業果已經成了，護法神的神力、菩薩的願力護持不住你。什麼力量最大？業力最大。你要誠懇求、要相信，得你跟他有緣，才可以從橫轉到順。

如果是你心裡有懷疑，事先就有預兆，今天路上走順當不順當？乃至出門坐汽車是不是很順利？那很順利的非常巧，超過你的想像。

上回到我那裡住的法師回普陀山打電話說，他從來沒有這樣順當過，剛在五臺山下來出去雇車的時候，大家爭呀，那也不算不順，上了汽車到太原，一下車到火車站，還有一張臥鋪票，他就買這一張。五點鐘吃完飯到火車站，趕上買剩下那張臥鋪票，一到上海下了火車，一打聽十六鋪正要開普陀山的船，他到那就上船了。他說，就這麼巧。他到各地去，從來沒有這麼順，這就叫順。

也不是全沒有障礙的。我們在日常生活當中，隨時都有橫事發生。為什麼不順？因為我們沒有祈求。我每次要走的時候，最少要念一萬聲地藏聖號，光我念不行，跟著一起走的人都得念，他們沒有念，沒念護法神不理你了。為什麼不念？不保護你，看來是小事，大的問題也有。

在你的日常生活當中，如果按照菩薩所說的方法去做，將要臨行之前香花供養、讚歎、禮拜，真正這樣誠誠懇懇去做，路途平平安安、順順當當。

念念念三寶

如果求菩薩呢？因為我們是學佛的，處處都想到念念念三寶，他就很順當。

我那天聽一位法師說：她在外邊辦事經常不順當，我說讓大眾師父多求求地藏菩薩、觀世音菩薩，這一求護法神就來了。光自己辦，妳有什麼力量？當然會有障礙。為什麼我囑託大家，念念念三寶。如果有三寶慈光攝受，這些橫事、不如意事不會臨到你。如果臨到了一定要懺悔，這是自己的業障，高高興興、愉愉快快還給人家，不要起煩惱。

任何橫事來了 不起煩惱

切記：任何橫事來了，不起煩惱，乃至要奪取我的生命。那就受吧！還債吧！假使你不願意還債，說我沒得債也很剛強，說我修行得很好，怎麼會受這諸橫？你不是發願代眾生受苦？天天上早晚殿的時候都在念代眾生受苦的偈子，不管你的心裡有沒有注意到，反正讚頌的偈子你是念了。

大家多念念〈普賢行願品〉，第十大願普皆迴向願，願代眾生受苦，那你的願就靈了。

怎麼靈呢？代眾生受苦。不如意事來了，「反正我代眾生受苦，自己的業沒有了，代眾生消業。」那你就高高興興的消，別抱怨。別說我信佛、我是佛弟子，為什麼還招來橫禍？因為你發願代眾生受苦，那就受吧。當你受過去了就知道，那回報更大。先是向於眾生，眾生又迴向來了，回歸自己，那是成佛道的表現，漸漸成佛道，要這樣想。這是特別大的事情，以我的經驗，最後回饋你還是很好的。

住三十三年監獄的啓示 (1950～1982)

大家都知道我坐了幾十年監獄。那三十三年正是我人生的黃金時代，三十六歲進去，六十九歲出來，那一關把你過去所學的一切都關忘了，等於把腦筋洗完了、沒有了。我又能夠回來、緣法還很好，人家還找我講經說法，並沒有因為我住監獄輕視我，反而對我還很好。

從一九八二年起，到現在十八年，我也到過好幾個國家、好多地區，這業還完了嗎？沒有。我有些是不說的，表面上自己的業障病還是隨時有的，說了也沒用，說了給周邊人帶來煩惱，你受了沒事，你不說誰知道？不要宣傳病，不要這個頭痛啊！腦子難受啊！這個也不如意、那個也不如意，一會兒就告假、出坡也不去、上殿也退殿，要堅強克服，克服就是勝利，就是像我們克服諸橫的。

順境叫腦後針

古來人跟我們這樣講的：順境，你可要注意了，這很危險容易墮落，逆境是增上緣。古人形容順境與逆境是怎麼比方呢？逆境是當頭棒，你可以不接受，或者求懺悔。

順境，你躲不了，順境叫腦後針，你沒看見，你的眼睛長在前面，人家在你後頭扎你一針你還不知道，被害了還不知道。「法師！你不得了。」或者還要客氣一下、人家讚歎你，你的心裡飄飄然，這就麻煩了。人家說你不得了，比丘尼師父修行好、道心好，哎！這個常住真了不起。你聽了也跟著飄飄然，你不知道自己要是如何了？不錯。你也是普壽寺的一份子。

當頭棒和後腦針，逆境能助長你的道心；順境就困難，不知不覺就落入圈套當中。比如說有很多道友，跟我研究這個問題：說要朝五臺山、或者是朝九華山、或者朝普陀山四大名山，每個山志都會介紹各種聖境。

他問我：「老法師，您到這個山見到什麼？」我說：「我什麼也沒見到。」

「您什麼都沒見到嗎？」「沒有！」「那你怎麼想？」我只見到自己造罪，我有很多業，到了名山我是去懺悔，不是想見什麼，也見不到聖境。再進一步說，你見到聖境又怎麼樣呢？見文殊現身，文殊說的法，你們沒有去做；見到地藏菩薩教你《地藏經》的法，你沒有去做。你見到又起什麼作用呢？這都是求神通，見聖境想投機取巧，得到加持開了智慧，一下子就開智慧，智慧開了我不用再學習了。不過佛菩薩教導我們，要一步一步地走，修行出家也是有次第的，沒有超越的。

每部經，佛不但給你講，還有例子讓我們看，愈是大乘經典愈讓我們不要起分別，就說《華嚴經》善財童子五十三參，你看他參每個善知識不同，有現順境的、有現逆境的，如果你有分別心，想這能是善知識嗎？善財童子也生這個心。婆須蜜女、無厭足王，一個殺人無厭，一個婬女，因為善財童子有那麼大的善根，空中有護法神警告他，對善知識不要生分別想，那我們就不行了。

我們對每個人看法，心裡頭有一把尺，結果我們就把學到的一點佛法拿來衡量別人。哎！他不夠資格、沒有修行。不要這樣看，這樣看是不行。這本身也含有橫，不順佛的教導。你把這橫都理順了，那就對了，橫的事就沒有了。

高峰妙禪師的故事

跟大家講個故事。元代高峰妙禪師他的修行非常精進，但是愛打瞌睡，一坐一動腦筋思索問題、一參學瞌睡又來了，他下決心不瞌睡了，怎麼辦？坐在懸崖上，你打瞌睡吧！掉下來就是死。萬丈深崖他坐在那個地方，肉體是不行的，精神可嘉，肉體支持不了坐著坐著，一衝就掉下深崖去。

剛一掉下去，韋馱菩薩就把他扶起來，他一睜開眼睛，哎！好像沒有事，他心裡感覺飄飄然，「護法來護持我！」他問韋馱菩薩：「南閻浮提，像我這樣修行的人不多吧？」韋馱菩薩說：「像你這樣修行的人多如牛毛，你這樣驕傲貢高，二十劫不護你的法。」韋馱菩薩就隱了。

他坐著想，個性也很強：「你護就護，不護就算了。我最初坐這裡也沒有想你來護法啊！管他去，再坐。」坐著坐著又控制不了又睡了，又衝下去了，韋馱菩薩又把他從深崖托起來。他說：「哎！你剛才說二十劫不護我的法。」他說：

「一念精進超過二十劫。」

大家從這個故事可以理解到，佛說多少劫成佛，一念精進心都可以超過的。說我有很多障礙、很多橫，今生做過很多錯誤的事情，那我不跟人說，跟人說一發露懺悔，別人就瞧不起我，那就隱在內心裏頭，應該懺悔。他不曉得隱是懺悔不了，隱藏起來不肯用功，這些東西會出來做障礙。這樣一定要發精進心，對人不敢說、怕人破壞你、障礙你，對佛像說，一個人對地藏菩薩像說，發露完拜懺。

可以用占察輪，每天占一下：「我的業障輕不輕？修行的效果如何？我的障礙還有好多？」地藏菩薩會告訴你。我們有的道友用功起來，精進心很強、效果很好的，這是消滅一切橫事的辦法。

消滅橫事 要好好修

我講這麼多，就是要你消滅橫事，要好好修。如果其他的方法都沒有，文化也不高，你念一句地藏菩薩聖號就好了。別人念一萬聲，你如果感覺業障重，念二萬聲；別人投入一分你投入十分，你多投入多付出，自然就有轉化的時候。

供養地藏水的修法

還有一個供養地藏水的修法，這是《地藏經》上說的。如果記憶力不強，念完經就忘了，不論念多少遍都記不住。釋迦牟尼佛跟觀音菩薩說，地藏菩薩有個法門，供地藏水。今天早晨上供到明天早晨，另外拿個杯子倒上，之後，跪在地藏菩薩像前發願說：「地藏菩薩加持我，我業障很重的，幫我洗刷這個業障。」飲這個聖水，喝完之後，「三七日內勿殺害」，不要殺害眾生，這個容易。

「至心思念大士名」，這個就困難了。想地藏菩薩不是很容易嗎？不容易。你靜下來半個小時，再說少一點十五分鐘，你坐的光想地藏菩薩，光念地藏菩薩名號，「至心思念大士名」。

「酒肉邪淫及妄語」，不能喝酒不能吃肉，這是指在家人說的，我們出家人本身就沒有，這樣就行了。把這個都記住，你天天喝效果很大；就是把腦子洗的像白紙一張了，恢復你的記憶力、增加你的記憶力，這是特殊的法門，《地藏經》上才有，而且是釋迦牟尼佛跟觀音菩薩說。

第十二品〈見聞利益品〉，觀音菩薩向釋迦牟尼佛請問，佛就對觀音菩薩說你怎麼做、怎麼做，第十二品都是對觀音菩薩說的，讓觀音菩薩護持《地藏經》、弘揚《地藏經》。

在〈大悲咒〉八十四相裡的「**那囉謹墀**」即是地藏菩薩。那個地藏菩薩就是觀音菩薩化現的地藏菩薩；八十四相裡頭，諸佛菩薩都有，都是觀世音菩薩的化現。因為這個眾生跟地藏菩薩有緣，如果現觀音像可能不大接受；那現地藏菩薩像，他馬上就接受，這也是消滅諸横的方法。

横禍都是你按正當次序去走而發生的横禍，不是你去找。你若找死，那完了，完了再念地藏菩薩給你免，這恐怕困難，還有找死的嗎？有啊！很多人找死，相信嗎？

大家要想想修道、辨道你也不要横啊！走一次就到洞裏了，我坐著不動了，不開悟不下坐，你有這個本事嗎？有這個定力嗎？你對教義都明了嗎？一無所知。祇有這麼樣一個信念心，是辦不到的，給你自己找倒楣，佛菩薩救不了你。

你得順著佛的教導去做，不要自己想。

我們都是凡夫，不可能這樣得道，做不到的，超越是沒有的，一步一步做，我想願人家都成佛，那你只能告訴人家一些成佛方法，這都是有次第的，不是隨隨便便來的。你若隨便來，自己心裡想怎麼樣就怎麼樣，你決定倒楣；或者你真修成了，是修成天魔外道，沒有什麼好結果。

如果現在好幾百人，你不跟大家一樣，自己想怎麼樣，護法神馬上就把你攆走，不會讓你在這裡頭住，這叫橫。這個「橫」字包括非常之多，不順菩提道做、不依佛的教導去做、不依諸佛菩薩經論所指示我們的去做。

最初開始的時候，你不依佛的戒律去做，戒定慧三學連個次第都沒有，住洞幹什麼呢？方便。沒有大眾，自己想怎麼樣做就怎麼做，這不是好現象。

應該順佛的教導去做

如果想修法的時候沒有飛災橫禍，應該順佛的教導去做，起碼你現在聽到地藏菩薩教導我們供養香花、醫藥、歌詠讚歎，你唱讚佛偈子都可以，看《地藏經》前頭偈子都可以，你念四句都可以。讚歎菩薩的功德、讚歎菩薩的慈悲、讚歎菩薩的願力；完了，他怎麼做、我怎麼做，這就是向菩薩學習。他是度眾生，怎麼度眾生的呢？向最苦的地方去，但是有一樣，他是成就的。

文殊觀空咒

我剛才講這些橫，你也可以用咒觀空，西藏修文殊法、修空觀都要加這個咒：「**嗡。桑巴瓦蘇達。沙瓦達麻。桑巴瓦蘇埵行。**」（按：請參照「文殊師利菩薩略誦儀軌」或「文殊五字根本真言念誦」，能海上師法本。）

一天得念好多遍，再加上你這樣觀空，遇著境界相，空了，空了就沒有。什麼橫的、豎的、左的、右的，一切都沒有了，空了就沒有障礙。

現在我們這個修法，你不能專修；沒得到這個好處之前，你一定按戒定慧三學的次第去修，這是最穩妥的。諸位道友每天從沙彌尼、比丘尼戒律學習，你能把戒持清淨了，已經得道了。你一條沒犯得一個道；二條沒犯得兩條道，依戒定慧三學來學習，絕對順菩提道。

如果再講空觀更沒有障礙了，要知道沒有規矩不成方圓，一切規矩都是束縛的，戒定慧三學本身也是束縛的，你是大乘人修空觀，一切無障礙。那觀修成的是什麼樣子，他就是智慧。有慧的方便就是解脫，無慧的方便就是束縛。

當你遇見一件橫事情，蠻不講理的事情，這需要我們什麼呢？需要忍耐的智慧。

我跟一位法師抬摃，他說：「六度萬行規定的，布施為首。為什麼你光提倡智慧？」我說：「沒有智慧，他肯布施？」我又說：「我們在暗中沒有燈、沒有日月，我們什麼也不知道。智慧是光明，看你怎麼學，哪個都對。」〈校量布施功德緣品〉說的很清楚，看有智慧的，他那個布施是什麼態度？沒有智慧的，他指揮他的行動是怎麼指揮的？

其實，六度舉一就攝其他五個，但是個人的發心、個人的看法不同，所以有些人從慧學入手，有些人從定學入手。像禪宗是從定學入手，像學教理的法師是從慧學入手，這兩個都不能離開戒，都有規矩。

不持戒 煩惱就是橫

如果你不持戒，慧生不起來煩惱很重，煩惱就是橫。有些人無緣無故的煩惱，如果你不修行那還好一點，這不是誰惹你，自己跟自己煩惱，看這個你也不順眼；看那個你也不順眼，什麼都不如你的意。今天過堂打的齋很好，他也不如意，這叫橫。

不管你心裡怎麼想的，當理控制不到事的時候，那個事絕不由你想的去做。大家一定要明白，否則你以後會走錯路，處處是障礙。人家在那裡順順當當的修道，你碰的是棍棍棒棒，不是打到腦殼就是打到腳。出家之後，你在修行當中，會遇到很多橫事。有些橫是從你自己生起的，無緣無故的煩惱，學戒就是防止你生煩惱，但是現在的情形不一樣了。

我遇到很多道友本來是很好，但是法師講清規戒律，又講〈沙彌律儀〉、〈緇門崇行錄〉，弄得很煩惱。你說這個對嗎？他學戒律、學寺院規矩感到很煩惱，正因為動到他這個煩惱，想要消滅這個煩惱，他不但不接受還反彈回來，更增加煩惱。

我舉這樣例子，並不是說我們比別人強一點。我今年整整出家七十年，深切的體會到，修行要注意你的念頭，這不是說一句話、二句話。你實驗一個星期看看，你想要它順這個軌道走的念頭，它偏不順這個軌道走。

拿一張紙，把不順軌道走的念頭，你用筆點一點。順的點紅點，不順的點黑點，完了總結一下，你會點滿滿的黑點。說說很容易，學的時候，法師給我們講課，心裡也投入也想這麼做，誰不想成佛、誰不想解脫，解脫多自在。讓煩惱束縛多苦！心裡想的一回事，做起來又是一回事，完全是兩回事。所以佛教講的理和事一定要搞清楚。

空觀怎麼修

剛才我們講的空觀怎麼修？沒有力量的時候用不上，有位老法師病得很重的時候，他的弟子說：「老法師，您修空假中三觀修的很好，您觀想身體是假的吧！」老法師答覆他說：「不錯！觀是假的，但痛還是真的。」

每個人生病，乃至痛苦的時候，你說想一想、觀一觀，痛是真的是假的？痛還是真的。你天天都講是假的，肉體是假的，還不是有病苦。誰罵了你幾句你日夜都睡不著覺，還想報復。

不信就看一看！這是必須到實際上考驗。你能夠用理成事，從道理把它想通了，從理上確實明白了，理能觀於事，這個人有理智沒有理智就是說這個問題。

就像販毒抓到就槍斃，全世界都在抓，全世界都販，這真莫名其妙，能制止人不吸嗎？吸毒！那是賺錢賺得多，你越禁的緊，販毒人越多、利息越厚。本來平常他賣一塊錢，這會兒一抓的緊就賣十塊錢，拿生命去拚，為什麼這樣做？橫啊！他就沒有用觀想，腦子沒有第二念想想把你槍斃了，那錢還有什麼用呢？販毒，把你抓住了槍斃，儘管賺很多錢又有什麼用呢？人家還是沒收了。

而且他採取的手段非常厲害，在美國、臺灣都有，全班的小孩吸毒，一個不落，全班五十個都吸毒。那毒販子他銷路不廣的時候，先給小孩吸；剛開始不要錢，吸上癮了就要錢。小孩當學生沒有錢，初小不是很大年齡，八、九歲，大的十六、七歲他有理智，小的小孩沒有理智。圖好玩，給他說：「我不要你的錢，你拿去讓班上都吸。」那小孩像玩似的，大家好奇，你試驗一下，他試驗一下，好了全班都吸。

說要錢了，小孩沒錢買，就到家裏偷。一回、兩回可以，大人看小孩拿錢幹什麼？就跟蹤發現孩子吸毒，這一調查全班都是吸毒，找班主任，班主任根本不知道，怎麼有這些事？法律很嚴，抓住槍斃，儘管這樣他還照樣幹。大家很少看這類的資料，看世界毒品的氾濫非常厲害。最近雲南槍斃十幾個，全國戒毒，哪個地方斃了幾個，哪個地方斃了幾個，到處都在槍斃。都是販毒猖獗，吸毒的好多？戒毒所有好多？這都是橫。

如果大家研究現實生活，橫的事情太多了，你怎麼樣把它理順，使世界上的災難都消失了，大家好好修道。

但是我們沒有那麼大的力量，我們有什麼力量呢？現在我們這個身心的條件、居住處所，還可以行使我們的願力，可以代眾生迴向，願一切世界上消滅這種現相。

大家知道一百多年前林則徐來廣州禁鴉片，後來引起中英鴉片戰爭，災難現前，類似這樣的事情，需要你發菩薩心，把這些横都順過來。

我們沒有力量就找有力量的，觀世音菩薩、地藏菩薩都有力量，求他們加持，讓你的心跟他的心通。世界上現在六十多億人口，我說有一、二百萬人這樣求，也能減少很多災難，能做到嗎？

我們這個道場，修行算是清淨的，不要過分挑剔。有些過分挑剔的，因為我們畢竟還是凡夫；十惡業只能控制住不造了，環境沒有了，我們不能從根上消失，更不能把過去劫所造的滅掉，怎麼辦呢？《地藏經》上說，聞到地藏菩薩名號、讀讀《地藏經》，乃至供養香花燈塗果等，唱讚偈給佛菩薩聽，都可以免三十劫的罪。你天天供、天天念，自己發個願，不求免除我自己的三十劫罪，願諸佛菩薩加持，讓一切眾生都免罪，讓免一劫也好吧！特別是把我們這個時候的災難度過去。

水火失調、氣候失調，大氣層的變化，南極、北極冰山崩裂很多的危險性，地震頻繁。不止我們這個國家，我們看去年世界的地震，總結一下，地震死了好多人，損失了好多財富？相當厲害的。不要光看鼻子底下，自己是很小很小的，但是你在人類當中，以你的願力、你的慈悲心，供養讓一切眾生消災。因為你也在其中。我們環境很好，你不是也很好。如果現在沒有水吃，你也跟著沒水吃。

五臺山還沒到缺水的時候，在其他地區，七個人之中有一個沒水吃，七十個人就十個，七百人就有一百人，數字漸漸多了，為什麼這樣呢？橫啊！橫就是人往河裡丟垃圾，自己傷害自己。為什麼現在全世界都提倡綠化環保，這是新科學，過去沒有，再不做，人類活不了了。開發任何地區，環保擺到第一位，現在當前的時事是這樣，大家多迴向。在末法時候，最好是修行，需要你去救濟，假使你會善用其心，會覺得有不可思議的功德。

你也會造不可思議罪。現在電腦網絡造罪太多了，凡是科學有好的一面，肯定有壞的另一面，這是相對的。我們佛法都是這樣講，什麼都是對稱，你看廟宇兩邊都是對稱。「相對論」，在我們佛教，釋迦牟尼佛二千多年前早就證得了，任何事物都是相對的，失掉一方面，另一方面不存在。

相對法 屬於橫法

相對法是屬於橫法，不是順的。你要比，大與小，哪一個為標準？沒有標準。你說那個是大，大外頭還有大，什麼是小？小的還有更小。以前說原子最小，現在把原子又分成電子、中子，小的簡直連肉眼都看不到，但是發揮出來的力量確實是不可思議。

我今天就講一個字「橫」，橫就是不順當，我們怎麼把橫順當過來？修地藏法門，依地藏菩薩所教導的，這很簡單。不是有現成供的香華嗎？不一定買兩盆花才算是供養，用人家供來的，你可以作意供養，可以用意念想盡虛空、徧法界都是你供養的香華，看你的心量大小。五臺山上的野華很多，你可以把他移來供養。北京市、太原市的花店很多，都可以把他移來，你一作意就來了，那是真的假的？你心裡想：這些花都是真的，沒有幾天就壞了。可是你的意想不壞，天天如是想，一想又有了、一想又有了，經常在佛前唱讚子，我們很多道友多唱唱歌是好的，可以舒暢你的心氣。

為什麼上殿要唱香讚

為什麼上殿要唱香讚？唱佛教音樂，唱讚佛的偈子，這是我們能做得到。但是可別看人就唱，大家坐禪時，你別神經病唱起歌來，那不行的，要唱大家一起唱。有的唱起很興奮、有的唱起很悲傷，音樂可以調和你的心情，這樣供養諸佛菩薩，自己這樣供養、勸別人供養，大家都供養。

還有，你得到一件新的衣服，你得到時供養過沒有？你得到任何一件心裡喜歡事，第一個念頭馬上供養。因為你的腦子裡頭還沒有這個香花燈塗果、茶、食、寶、珠、衣；茶是喝茶的茶，食吃飯上供大家都知道。

我不是像你們那樣上供，我是供養三寶，供養完了還有供養一切眾生，供養四寶，完了再吃。但你得了一杯水，得了什麼想用，先供養，這成了習慣，不這樣做不行，這做成習慣了，什麼橫事都理順了，懂得嗎？這就是隨菩薩學，地藏菩薩就是這樣做。

再者又能念念聖號，你不是想得快樂？你若得快樂了，讓誰去受苦呢？你要讓一切眾生都快樂，千萬不要把自己的幸福架在別人的腦殼上。有的寺廟裡想當執事，盡說別人壞話，三天不說別人壞話，連吃飯都吃不下去。

總想到利益別人，不要惱害別人，那不是說沒有批評嗎？有的！是善意給他提一下，叫他糾正，那你要考慮時間、地點、條件，你要想幫助這個道友，別當著第三者，兩人就行了，人都要顧個面子嗎！當你說人家不是的時候，誰都不願意，你一定掌握這個善用其心、善巧說法。

為什麼諸佛說法善巧

為什麼諸佛說法善巧？法沒有大也沒有小，沒有高也沒有低，沒有深也沒有淺，對機就好，不對機不行，多深人家不聽也沒有用處。這樣漸漸把橫的都理順了，這樣才能得到無量諸菩薩、無量諸護法都能護持你。

堅牢地神護持地藏菩薩的法

《地藏經》第十一品〈地神護法品〉，佛也囑託堅牢地神護持地藏菩薩的法。大家怎麼樣觀想堅牢地神？

堅牢地神所供養的菩薩，他比較南閻浮提文殊、普賢、觀音、彌勒，雖然也是大願，也都示現度眾生，但是都沒有地藏菩薩願大；他是用神的觀點來看，其實各有各的功能。我們要平等看，菩薩都是一樣。但是看誰的緣深、跟哪個菩薩有緣，你一念一修，就得到利益，那就是跟他有緣，多生累劫都修他的法。

堅牢地神專護地藏菩薩，而且我們大地上所有產生的一切寶物，山河水、糧食，乃至地面上建樓房等，如果地給你沉下去你建不成，都靠堅牢地神。

還有第十三品〈囑累人天品〉，弘一老法師聽靜權老法師講《地藏經》到〈囑累人天品〉，弘一法師在講經堂上大哭，靜權法師也講不下去了，就停了。弘一法師非常感動，佛這麼慈悲，從開始就囑託，一直到經完，還囑託一切諸大菩薩，凡是來法會的誰請他說，他就囑託：「你要護持《地藏經》，讓一切眾生勤勞不懈怠、持誦《地藏經》。」

為什麼這樣子？大家用智慧觀想一下，為什麼？弘一法師弘揚《地藏經》，《占察善惡業報經》也是他發起的，他做了占察輪。以前是蕅益大師發起的，沒有弘揚起來、沒有人信、沒有人講，無論哪一法沒人去弘揚、沒有人講漸漸就湮沒了。

過去那些大德講的經，現在都沒有人弘揚，漸漸湮沒不提倡了，必須有人提倡宣揚、弘揚，這個法才能久住於世。如果沒有人講，法就不存在，漸漸就湮沒了。

現在有很多經我們連名字都不知道，大家知道念佛數珠有《數珠經》，頭陀有《頭陀經》，都有經名。儘管經文不長，《大藏經》都能查得到，《數珠經》與《頭陀經》，經文只有一頁，好多經典沒人講，沒人講，這法就漸漸湮沒了。

最近講《地藏經》的人漸漸多了。《華嚴經》講全的很少，但是我們若要念一部還是很容易，大家天天念，念完一部《華嚴經》的時間較長，我們打七的時候念的時間較短。

第十講

免除一切業障的修法

免除一切諸業障的修法

上次依照《地藏經》所說的，講免除一切諸橫（業障）的修法，我們講「橫」，就講了一座。常講這個人很橫，也就是他蠻不講理，不講理上頭加個蠻字，講他沒有學習過、不盡人情。

什麼叫橫呢？一切飛來橫禍，不該當發生的事情發生了。好多是人為的，有些是有意破壞，有些不是故意，這都叫橫，不順理。因此你學習《地藏經》，念地藏菩薩聖號就可以免除，在許可的條件下供養地藏菩薩，在菩薩像前供養花、供養香乃至歌唱，這個唱是唱偈頌，是供養心，或者自己做，或者勸人做供養讚歎。

過渡險道時的修法

下面講過渡山海險道時候的修法。

假使有種種的因緣；或者到危險地方去，或者到山林；或者過河過海、或者入航空、或者經過有水的地方、或者涉過非道險路。有人說這道路很險惡，有人為的盜賊、搶劫。要行動的時候，你感覺有這些難緣，在戒律上講有難緣你不能去。佛弟子比丘、比丘尼，有難緣的地方你不要去，明知有難緣又非去不可，不去又破戒。那個時候比丘都各住一個地方，住山林、壙間，到了佛要說戒、講經的時候，大家都來了。但是路上有難緣，這種情況也有。

假使遇到這種難緣又非去不可，依地藏菩薩在《地藏經》教授的方法，先念地藏菩薩名號一萬聲，明明是險難地方，那你所走過的路，土地鬼神會呵護保護你，行住坐臥一切安樂，惡事就沒有了。

這裡只說一萬聲，如果一萬聲念完了還有恐怖，那就不行了，不要去。你就念十萬聲，十萬聲還是不行，那就念一百萬聲，反正你感覺心裡不安的時候絕對不要走。你的心靈跟地藏菩薩的加持力、護法神加持力是相通的，你自己心裡覺得沒有把握的時候，絕對不要走，等你求到覺得有把握了，心裡感覺很愉快，心安了，這時候你可以走，確實沒問題，確實是善良的。你住山林也好、過渡河海也好、航空飛行也好，乃至經過大水一切險難道路，你不是殺害眾生而是利益眾生，還得有緣起的出發點。如果你要傷害別人，你念地藏菩薩，地藏菩薩也不會保護你。

臺北監獄死刑犯的故事

我在臺北聽到這麼一件事，一個住監獄的殺人犯，判決死刑了；到執行的時候，他在監獄裡一直念地藏菩薩聖號，換了許多發子彈就是打不響。執行的典獄長就到地藏菩薩那裡燒香，那個時候臺灣的監獄都供著地藏菩薩，典獄長、執刑的法官也去向地藏菩薩禱告：「地藏菩薩，他殺了別人，這個事情也不是我判的，這不是難為我嘛！我是執刑者。地藏菩薩你要度他，還是另外想個辦法，我還是得執行我的責任。」這位典獄長就親自拿槍執法，一槍就打死了，這位死刑犯還是死了。

一位道友跟我講，他說：「求地藏菩薩，有時候還是不靈的。」我說：「怎麼不靈了？」他就跟我講這個故事，他說：「這個死刑犯念了很多地藏菩薩聖號，不靈呀！」我說：「還是靈！地藏菩薩或者度他免墮三塗就是了，但是他的壽命非盡不可。」這是一種了。

修道的人，你感覺這個地方對你的身體不適應，或者在山裡頭住，遇到大雨天、陰天，你若感到有恐怖，怕洞垮下來，多念地藏菩薩聖號。

最近因為有人在後山的洞裡學定，洞垮下來就把他悶死了。大家可能知道這件事，我認為他收了一個傻徒弟，這傻徒弟來要他的命了。他把自己的洞給他的傻徒弟住，自己又在旁邊挖，洞還沒挖好，他就住進去了。頭一天住進去，第二天就垮了。他那個傻徒弟看見他悶在裏面，也不管了，到天亮才去喊人，悶了太久了氣早斷了，這是自己找的。

我們渡過山海險道的時候，除非逼不得已，不要找險難事情去做，做完再求地藏菩薩加持。事先應該發覺險難的地方，戒律上明文規定，比丘、比丘尼不應該去的地方就不該去；為了護法，為法的利益、為大眾僧的利益、為三寶的利益非去不可，挺而走險，這時候求佛菩薩加持或念地藏聖號，就這樣修行。

供養地藏水的修持體驗

在《地藏經》第十二品〈見聞利益品〉，說讀經的時候、沒有記憶力，這個我們或多或少都有。像我們讀過一遍經不能全背誦，甚至比這個更差，那該怎麼辦？在地藏菩薩像前供養一杯水，經過二十四小時，今天早晨供明天早晨請這個水喝，在二十四小時之內，心裡思念地藏菩薩名號「南無地藏菩薩」六字，喝的時候長跪捧這杯水，要發願請地藏菩薩加持。

這部經上指示說面向南，南西北方都是不定的，你的意念對著地藏菩薩像就行了，想的是南方。喝完水之後，切記：一個七天或三個七天，地藏菩薩在夢中現無邊身雲加持你，給你授灌頂水。醒了之後即獲得聰明，過目成誦，記憶力再不忘了。

但是有些條件，經上說：飲水前先發願，「三七日內勿殺害」，三個七、二十一天不要殺害眾生；「至心思念大士名」，誠誠懇懇想地藏菩薩的聖號；不能喝酒不能吃肉，「酒肉邪淫及妄語」，這些我們都沒有的，不可以做的，你能夠堅持的，二十一天就能增長智慧。

但是發願的時候，隨你個人；你完全喪失記憶力，可以這樣發願能夠恢復。

原來就沒有智慧，這樣等於是求智慧的方法。但你發願可以發大一點，讓菩薩增加我的智慧，這只是一種記憶力。

你發願喝水之後，願菩薩增加我的智慧，你的業障不消失，智慧怎麼能增長呢？業障消失、智慧增長，這種叫得宿命智、得無漏智。你自己發願想求到什麼？自己可以跪在菩薩像前發完願、喝這杯水，大的成就沒有，也沒有夢見到地藏菩薩授灌頂水。但是天天這樣喝，記憶力比以前好得多，能夠逐漸地增長你的記憶力，這個我是有感覺的。

你飲這個水之後，你可以發願宿命智、無漏智，漸漸能得到加持、獲得聰明，這就是得到智慧、記憶力不忘。或者有時候過去的事情都忘了，忽然間好像喪失記憶力，你修這個法的時候恢復了，有的道友得到這樣加持，我自己也是這樣。

我住監獄幾十年出來之後，好像把以前所學的都忘了，但是天天這樣喝地藏水還能恢復一些，至於得宿命智、無漏智，一時還辦不到，那還得有別的修行，還要加上很多的功力。這僅僅是說求讀誦不忘，本來是釋迦牟尼佛向觀世音菩薩說的。

每部經都是教授我們，若遇到什麼困難，想解決這些困難，你就這樣修。現在我們在常住學法，最大的困難還是病，一天大病小病不斷，總是有些病。依佛的教導：「比丘不求無病，無病貪欲一生。」有點病逼迫你，感覺這個身體確實是苦，你的道心還堅強一點。如果沒病你會胡思亂想；有了病苦逼迫，它也是修道的障礙。如果你的道心不堅定對治力不強，病一磨就容易退道心了。

那怎麼樣呢？求地藏菩薩加持，常時這樣念。地藏菩薩跟此土娑婆世界特別有緣，他的願力千百萬億願、千百萬億事，求地藏菩薩都能滿你的願。

我們這些道友說在地藏菩薩前這麼囉嗦！求這個又求那個，不會要求太多了吧！其實也沒有好多，你都加上也不過幾十條而已，不會超過一百條，你不會請求千百萬億，恐怕也沒有那麼多。經上說，千百萬億願、千百萬億事都可以。

在《地藏經》十一品〈地神護法品〉，堅牢地神向佛說：凡是你們瞻禮、求地藏菩薩加持，堅牢地神擁護眾生供養地藏菩薩。他因為擁護眾生，哪個眾生聽他的教導，肯誦地藏菩薩聖號，肯誦《地藏經》，他一定護持你。但是他跟佛說的時候有個條件：必須至誠懇切頂禮、瞻禮地藏菩薩。

堅牢地神向佛表示：我從昔來親近過無量數大菩薩，都有不可思議神通智慧，說那些大菩薩都有不可思議的神通智慧，但是都比不上地藏菩薩。他是比較而言的，地藏菩薩摩訶薩他的功力特別大，超過一切諸佛菩薩。

他這麼說：地藏菩薩在南閻浮提因緣特別深厚，就像文殊、普賢、觀音、彌勒他們也化現百千身形，也在度六道眾生，其願尚有畢竟滿足的時候。地藏菩薩教化一切眾生的願，好像他的願永遠沒有滿足的時候，意思就是地藏菩薩在此土因緣，還是很深厚。

所以堅牢地神向佛說：世尊！我看見未來的眾生在他的處所、所住的地方，頂好於住所的南方，那個地方很清潔不髒的地方，拿那個土石或者木頭或者竹子，做成一個龕，拿木頭做小佛龕，龕裏供養地藏菩薩像。這個像你拿銅鑄、泥塑、木雕什麼都可以，主要是做成地藏菩薩像就可以。

瞻禮讚歎 可以得到什麼好處

之後，要瞻禮、讚歎，這樣做可以得到什麼好處？得十種好處，這十種好處是堅牢地神說的。

堅牢地神以他的智慧看到有這麼一個人，能夠用在南方清淨土地上竹子、木頭或者泥塑，或者銅鑄或者金鑄那更好。這十種利益是什麼呢？第一種、你所住的地方那個土地非常好，種花都會開多一點。在《大乘大集地藏十輪經》上說：華草樹木、糧食都特別茂盛。

第二種、你所住的宅院周圍都很平安。第三種、你的先人、過去的人死了之後都能生天。簡單的說，就是不墮三塗。第四種、現在生存的人壽命很長、很安康。第五種、你所求都能滿願，所求遂意。第六種、一切水火災害都沒有。第七種、一切不利益於你的事都消失了。第八種、杜絕惡夢。第九種、出入有護法神保護你，他就是其中的一個，地神專門護持念地藏聖號、誦《地藏經》的。第十種、多遇聖因。

有這十種利益，所以他向佛說：世尊，未來世或者現在的眾生，若能按我所說的，在他的住處作如是供養地藏菩薩，他所得的利益不可思議，不僅如此十種。

在西藏密宗做任何供養的時候，一定要供養堅牢地神，他是我們一切的大護法，沒有這個土地，沒有大地山河在，你還能有什麼？這個護法是很重要的。

堅牢地神又向佛說：世尊，未來世假使善男子、善女人，他的住處有《地藏經》，或者有地藏菩薩像，或者這個善男子、善女人還能轉讀這部經典，供養地藏菩薩，日夜以自己的本神力衛護是人。

堅牢地神說：哪個房子、哪個住所裡頭，若有這個《地藏經》、若有地藏菩薩像，我一定要保護他；一切水火盜賊、大橫小橫，一切的惡事悉皆消滅。

這是堅牢地神發的願，他要護持《地藏經》、護持地藏菩薩。假使有善男子、善女人在他那個地方，能夠有這部《地藏經》經典，能供養地藏菩薩像，那我日夜以他的神力保護這個人，無論水火盜賊、一切飛災橫禍都不能近他的身。

佛告訴堅牢地神：你的神力鑾大的，一切其他諸神比不上你，什麼原因？所有南閻浮提土地都是靠你來護持，乃至於草木沙石、稻麻竹葦、穀米寶貝，都是你的力量，何況現在又來保護地藏菩薩利益之事，發這種願。

你的功德與神通力比其他的地神要多百千倍，若未來世所有善男子、善女人供養菩薩及轉讀是經，但依《地藏經》一事修行者，用你的神力來擁護，凡是不如意的事都不要讓誦地藏聖號、讀誦《地藏經》的人聽到，也別令他領受，見聞都不可以，當然也不會受了。

依照《地藏經》修行的人，念地藏聖號的發心者，堅牢地神用他的神通力保護他們，不叫他們有一切災害，有一點不如意的事情。

念《地藏經》去做壞事 是不保護你的

但是這裡有個條件：你要依照《地藏經》的意思去修行。有些人念《地藏經》想要去做壞事的，這是不保護你的，因為你的心靈跟地藏菩薩的心靈不一樣。雖然你還是做壞事，但是因為常念地藏聖號，念念那個做壞事的心就轉變了，再不想做壞事了。

像我們所有的道友，誰也不敢說自己調伏三毒了，煩惱不起了，誰也不能保證，誰也做不到。但是你經常念《地藏經》、念地藏聖號，你的善根力量逐漸加強，你的惡念或者妄想煩惱逐漸的減輕，最後達到不造惡、只做好事，這叫冥加，地藏菩薩會冥冥加被你的。

同時佛又跟堅牢地神說：不但你擁護這個念經的人，乃至持誦名號的人，釋梵眷屬、諸天眷屬都來擁護這個修地藏法的人。

佛跟堅牢地神解釋：這是你個人的發心，其他一切釋梵諸天眷屬都來擁護受持《地藏經》的人。擁護這個人，這些擁護者也獲得好處，他們也從中分得利益。為什麼這些聖賢要擁護他呢？因為他瞻禮、讀誦《地藏經》，乃至地藏形像。這個人能夠讀《地藏經》、能夠稱地藏聖號的人，畢竟能出離苦海，一定能得到究竟涅槃，所以才能得到大擁護，這是佛跟堅牢地神說的原話。

因此釋迦牟尼佛在《地藏經》最後幾品，全是讚歎地藏菩薩的功德。不過大家熟悉的是觀世音菩薩，他本身就是南閻浮提娑婆世界的救世主。

佛放大光明　形容法身之大

在《地藏經》第十二品，佛還沒說之前就放大光明。大家讀《地藏經》都知道放百千萬億大毫相光。在《地藏經》佛所放的光就說地藏法。這種光不是對著娑婆世界，但是娑婆世界也在內，因為這個光偏照一切世界，百千萬億大毫相光，這個光是偏佈虛空，這是形容法身的。

釋迦牟尼佛用的是法身放光，化身沒有這個力量。千百億瑞毫相光，每個毛端都在放光。大家看經文：

「放百千萬億大毫相光。所謂白毫相光、大白毫相光、瑞毫相光、大瑞毫相光、玉毫相光、大玉毫相光、紫毫相光、大紫毫相光、青毫相光、大青毫相光、碧毫相光、大碧毫相光、紅毫相光、大紅毫相光、綠毫相光、大綠毫相光、金毫相光、大金毫相光、慶雲毫相光、大慶雲毫相光、千輪毫光、大千輪毫光、寶輪毫光、大寶輪毫光、日輪毫光、大日輪毫光、月輪毫光、大月輪毫光、宮殿毫光、大宮殿毫光、海雲毫光、大海雲毫光，於頂門上放如是等毫相光已。」

「放百千萬億大毫相光」，這是表示佛的法身之大，說明地藏法盡虛空、偏法界。不要把它看成是小乘的，好像說的盡是事，這個事可是成理的，事即是理。有好多老法師把《地藏經》跟《華嚴經》稱作是同等的，都是不可思議的經典。《地藏經》說的好像都是事，但是這事，每拈一法都是體具法界，即是理。佛的法身盡虛空、徧法界。

毫相，我們先不說佛的毫相，我們自己的寒毛、頭髮、毫端有相嗎？我們能看出它放多少光嗎？外顯光、內是空。凡是放光的東西，它的實體是空的，這是顯一切諸法解脫無礙，形容地藏菩薩都無礙，就像那個般若智慧能夠識得萬法、照破萬法。

佛的法身徧一切處，毫光也是徧一切處的，光跟體是一體的。每個人的行為各不相同的，示現每一個毫光，毫光與毫光各不相同，這個毫光去照惡世界、教導惡眾生，那個毫光照淨國世界、增長淨國世界大菩薩。沒有超凡入聖的，讓他超凡入聖；已經超凡入聖的能增長道理，一切眾生從此乘地藏菩薩大願船，都能超凡入聖、都能修成佛道。

釋迦牟尼佛在《地藏經》，最後用毫光昭示給十方盡虛空、徧法界這些大菩薩。召集這些大菩薩做什麼呢？讓他們弘揚地藏法門，使一切眾生能夠領會到地藏法門，都能得度。

毫相光很複雜的，紫的、青的、紅的、白的，這是說明眾生的心。他那個識的變化很不同，真心是一個，但是他的意識表現就不同，必須依照《地藏經》修行能得到福利，逐漸轉化。各個毫相光，每位大德講的很多，表現光就是號召，讓眾生見光就能得道得救了。這種光是號召那些大菩薩，一見光就知道釋迦牟尼佛在忉利天，演說甚深微妙法了，讓他們來聚會。這個光照到地獄去了，地獄裡跟天堂一樣的安樂非常愉快，把那些煩惱、苦惱都洗刷掉了。

現在我們所在的地方娑婆世界，就是火宅，雖然在火宅裡頭還可以得到清涼，可以化火宅為清涼世界。五臺山在這個世界就是清涼世界，周圍的太原、北京，沒下雨熱得不得了，人在街上熱昏了，北京熱到四十多度，超過人的體溫，雖然不出屋還是要有冷氣設備。

我們在這裡卻要穿得很厚，這是火宅中的清涼。我拿這個做比喻，看著都是在這一個地球上相隔不好遠，相差這麼大，這是毫相光。

毫相光的涵義

佛在頂門上放這些毫相光，因為堅牢地神證明地藏菩薩的大願勝過其他一切菩薩。所以佛證實地神所說的不錯，放光照攝一切。讓一切眾生心見了光能明白。明白什麼呢？明白一切諸法皆空，地獄不存在。這是光的涵義。

所以你若依著《地藏經》的修持，可以證得正覺，自己明了法性理體，能夠得到本體。

頭是一身之主，頭頂是最尊貴的，從這裡放光；佛有時從臍中放光，從足下放光，放光的地點不同表法的不同。這就是尊重這部經很重要，到了頂點的意思。不但放光，光中出微妙聲音，光中聲具足。告訴所有聞到光，見到光的，證明釋迦牟尼佛在忉利天宮稱揚地藏菩薩，他在人天之中度化眾生的利益，不可思議的事情，人人都可以證到十地，人人都可以成道，畢竟不退阿耨多羅三藐三菩提。

從光裡又放出音，從聲音警悟所有一切的眾生，這個時候因為光的感召、聲音的説法，在無量菩薩大眾當中有一位菩薩名觀世音，從他的座位起來向佛頂禮：「世尊啊！這個地藏菩薩具大慈悲，他憐愍罪苦眾生，在千千萬萬億的世界，化了千千萬億的眾生，所有功德及不可思議威神的力量。我聽到世尊在光中，與十方無量諸佛異口同聲來讚歎地藏菩薩，有過去、現在、未來諸佛説他的功德説不盡，所有諸佛都稱讚他的功德。」

前面十一品經文都在讚歎地藏菩薩，到了第十二品，諸佛也在讚歎。第一品是佛跟文殊師利菩薩，文殊師利菩薩來問地藏菩薩因緣，怎麼成就這麼大的功德？已經説了很多。這是觀世音菩薩重述以前，「向者曾蒙世尊告訴大眾，要想稱揚讚歎地藏功德。我也希望世尊給現在未來一切眾生，稱揚地藏不可思議事，令天龍八部瞻禮獲福。」

這裡都説天龍八部，因為他在忉利天，佛就對觀音説了，你在這娑婆世界有大因緣。這在別的經很少，別的菩薩來請法，佛就轉過來讚歎他，別的經對請法者沒有讚歎。觀世音菩薩請法，佛就讚歎觀世音菩薩，説明觀世音菩薩跟地藏菩薩是相等的。

佛對觀世音菩薩 讚歎地藏菩薩

不止地藏菩薩功德大、度化眾生多，佛又告訴觀音菩薩：「汝於娑婆世界有大因緣，若天若龍、若男若女、若神若鬼，乃至六道罪苦眾生，聞汝名字、見汝形者、戀慕汝者、讚歎汝者，是諸眾生於無上道必不退轉。」

本來是說《地藏經》，但是讚歎觀世音菩薩，聞到汝的名字、恭敬讚歎汝的、禮拜汝的，他得常生人天具受妙樂，因果將熟、遇佛授記，對他說：「汝對娑婆世界因緣很大，一切眾生都尊敬汝，乃至聞到汝的名字都能成就。」

那就發發大心，「汝今具大慈悲，憐愍眾生及天龍八部，聽吾宣說地藏菩薩不思議利益之事。」

「好！那我對汝說說地藏菩薩不可思議的事情，汝當諦聽。汝要好好聽！吾為汝說。」

觀世音言：「唯然世尊，願樂欲聞。」

佛對觀世音菩薩讚歎地藏菩薩，讚歎地藏菩薩是讓他幹什麼呢？佛把《地藏經》囑託觀世音菩薩，讓他去弘揚。佛告訴觀世音菩薩：未來、現在諸世界中，若有天人受天福盡了，這不是只說人間，天福若盡了，他有五種衰相現。在這個時候他怕墮於惡道，五衰現相一定要墮惡道。

這個天人不管是男的、女的，天是指六欲天說的，不是梵天，梵天沒有男女相，六欲天有男女相跟人間一樣的。當他現相的時候，或者見到地藏菩薩形像，或者聞到地藏菩薩名，一瞻一禮，不是很多，就磕一個頭、禮一次。這個天人轉增天福，天福馬上就轉了，五衰相現就沒有了，受大快樂，永不墮三惡道。

佛告訴觀世音菩薩：未來在這個世界中，在天上的人，天福享盡了要墮落。無論男的女的，天人五衰現相一現，在這個時候，他見到地藏菩薩形像，或者聽到地藏菩薩的名字，他生歡喜心。

瞻禮，一瞻一禮是很少的。禮拜一回或見到像磕個頭，這樣一來不但不墮落了，天福反增了；不但不墮惡道反而受到更大快樂，不只現生，永遠再不墮惡道了。這裡頭所說的，一個是說他的罪，五衰相現就是罪。

第二個見到地藏菩薩像就把你的罪懺悔了，墮三塗的報就轉了，五衰相現就沒有了。但是五衰相現有兩種：自己身上出一種很不好的味道，他自己知道。還有他身上出一種惡聲，之後他的身體很虛弱，眼睛恍惚，嫌自己衣服髒、很污穢。還有他腋下出臭汗，這是五衰相現。

只有地藏菩薩能轉他的福報。這種業報一現已經不能轉了，若能夠念地藏菩薩聖號，他這個時候善根有了，能給他轉福報，這是仗地藏菩薩威神力故。

本來五衰相現就墮落了，報現一般是不能轉，但這是稱讚地藏菩薩的特殊功德，一者是仗著地藏菩薩的願力。二者是他自己來懺悔，心念悔過，對地藏菩薩禮拜，轉禍為福、轉危為安，這是說人天。像我們在人間，我們還沒有到現前之前，就我們現在說禮拜、念經、念地藏菩薩聖號，當然增加你的福德、增加你的智慧。

「聞名見形」，形即是地藏菩薩像，那就不墮三塗。何況你的身去求，更深切的懺悔。就說一瞻一禮都可以轉報，一見一聞乃至香華、衣服、飲食去行布施供養，那所得的功德福利更大了。

佛又對觀世音菩薩說：復次觀世音，若未來現在這世界當中，六道眾生無論哪一道，如說人道在臨命終的時候，聽到地藏菩薩名字，「一聲歷耳根者，是諸眾生，永不歷三惡道苦」，不但今生不去三惡道，永遠都不去三惡道。

佛又對觀世音菩薩說：未來世，在這個世界上六道眾生，他能夠聽到地藏菩薩的名號，他臨命終的時候是很昏聵的，很不容易清醒的，能夠聽到地藏菩薩名號，是很難的。

大家聽到在文字上說，臨命終時，誰給他念地藏聖號永遠不墮三塗，那時候臨命終的人都昏昏迷迷，能聽得到嗎？這是第一個。是否有人給他念地藏菩薩聖號？這個很難。他說得很清楚，臨命終時。那他平常自己來求，比他臨命終時更好的多。一天念經、念聖號，種下深厚的善根，在他未終之前，眼睛看到地藏菩薩形像，耳根聞到地藏菩薩名號，拿他自己所賺的錢，給他塑畫地藏菩薩形像，去供養地藏菩薩，或者香花燈塗這樣供養，那不是更好吧！這才能有這個力量。

如果他的壽命未盡，「承斯功德，尋即除癒」，病就好了，壽命已盡轉生善處，轉生天道。如果自己也能念佛，自己有點修行的善根，那更深入更好了。

人的壽命是無常的。人有病，病是死的因，有病不一定是死。不要把它錯解了，但是死一定要有病，誰能知道我這個病死不死，沒有把握。

有的醫生判斷說，這個病要不了你的命，但是忽然惡化了，醫生也掌握不住。這是什麼原因？是業障。個人有個人的業障，業障到了命盡了，你過去的罪業應該是墮惡道的，承你供養地藏菩薩，稱地藏菩薩聖號，命終之後，不但不墮三塗，或者升到天道，受勝妙樂。

那你一切所有的罪障呢？你有這種機會，有人跟你念地藏名號，或者見到地藏像了，這種功德把你的罪業消滅了。這種說法，因果報應可靠不可靠呢？因果報應有沒有呢？

比如說：「假使百千劫，所作業不亡，因緣會遇時，果報還自受。」我的理解是這樣子，只能說把那個業障降伏住了，並沒有消失，不現了。我看很多社會上的現象，講法律、講天理、講法理或者講因果，可靠嗎？絕對可靠。

軍閥惡霸的因果

但是中間有些莫名其妙的變化，這是我們掌握不到的。那個土匪頭子殺人、放火，那他勝利、搶成功了，變成國王。你說他的果報怎麼轉化？殺人、放火該還命債嗎？該受苦嗎？但是當國王了，誰還報他？想要制他也制不了。

我小時候看見的軍閥惡霸，怎麼樣來認識他的因果報應？在四川，我見過幾個軍閥真的是無惡不作，後來他不但沒有受到懲罰，還有功了。他也活了十幾年，但是他所作的罪惡不可思議。怎麼理解這個因果？

我們只看見他的現生，連三生都看不到，有的看到了，就知道很多因果。好比他惡業成熟的時候，善業也很猛烈，善惡是交錯的，哪個降伏下去了？光看他的善業還報不還報？佛成佛了，還有馬麥之業；你可別造業，到成了佛一定還得要還。

針對這個，我自己有個譬喻：當我欠別人四錢，或者我欠別人一百元，生活苦得不得了，十元都沒有，我怎麼還人家一百元？還債的時候，相當的痛苦。

如果我擁有一億元了，一百元算什麼？給他十倍都可以。我不苦了。當我悟得空性了，任何業報都可以還，沒有苦了。如寒山、拾得，是文殊、普賢化現的，示現還債，在大寮燒飯。豐干就是阿彌陀佛化身，如果你到天臺山去看豐干、寒山、拾得這三大士，專有一個三大士殿，無量劫就這麼示現。

因果一定要還的，你做的事一定要還，我是這樣認定的；如果不還的話就沒有因果，還講什麼因果。還的時候是空的，業性本空，那是心造的，還的時候也是心還，連心都沒有了，還不還也無所謂；心亡罪也沒有，「心亡罪滅兩俱空」。真正的懺悔，要達到這種境界，我們相信絕不能造業，因果決定是有的。

如果說地藏菩薩給我免了，地藏菩薩不是給我免而是幫助我，使我的業果降伏下去、不還報，是不還了嗎？等成就的時候才還，還的時候也不痛苦。

這是借地藏菩薩的力量，是伏業，不是斷業，等自己悟得成阿羅漢了，見思惑斷了，沒有煩惱沒有業果，為什麼阿羅漢托空鉢？成阿羅漢應該吃的很好嗎？不然，他化不到飲食。印度有一句話：「修慧不修福，羅漢托空鉢；修福不修慧，香象掛瓔珞。」說明果報還是清清楚楚的。

目犍連尊者的啟示

目犍連尊者證得大阿羅漢果，而且有大神通，他為什麼會被外道打死？但是他有他的特點，被外道打得骨頭全碎了，以神通力還能回到精舍來，召集他的弟子說：「我還報了，現在要走了。」如果我們被打得粉身碎骨，我們就沒有辦法了。

為什麼目犍連尊者也不能避免？業障現前，神通力比不上業力。他痛苦嗎？不痛苦，沒有見思惑他不痛苦。他因為沒有身見、無我，自然不痛苦了，業還是要還，但是還的情況不同。

住監獄時的不思議經驗

我對這個問題思考了很多，就算參學。

有一個特殊的事，他本來是住監獄跑不出來的，圍牆特別高，他怎麼跑出去？跑了又偷，過了三年又抓回來；我還沒出去，他又回來了。他已經回來三次了，「您這個老頭還在裡頭！」「我不在裡頭怎麼辦？」「我又回來了！」

他是怎麼跑的？如果像現在的便池，他是跑不出去的。他在公共糞池搭上板子，把嘴巴堵上，順那個糞道跑出去的，這是第一次跑。

還有一次他是怎麼跑的呢？真是新鮮。有送菜車或送伙食的車到監獄裡頭，人家把菜卸下來了，他就鑽進去了，菜車把他拉出去，這是他回來交代才知道，他不交代誰知道？這叫業果不可思議。

修學地藏法門的疑惑

第十一講

這是我在監獄的體會，真的不可思議。

上次講，如果你供養地藏像，或者一瞻一禮，或者你自己用土、石、木，乃至用金銀銅鐵，塑了地藏像，給地藏菩薩做個龕，可以得到十種好處，能信嗎？依照這部經典所教授的方法，我們往往照著做了，但是效果沒有，那就產生懷疑了，對這部經上所說的話就有問號。

至心思念大士名

我們講的第十二品〈見聞利益品〉，佛對觀世音菩薩說：如果我們讀誦大乘經典沒有記憶性，讀了就忘，甚至不能讀誦；可是有善根的人或者過去宿業很好這一類眾生，讀一部經他能很順暢的讀完，不知道不能讀誦的困難。

不能讀誦一部經，教他多少遍都不會，這是說他個人的因緣福德不同，能讀誦的就認為不可能。不能讀誦看能讀誦的人，讀誦那麼順利，他也認為這是不可思議的。

所以釋迦牟尼佛跟觀世音菩薩說：供養地藏水，可以增長記憶力，但是必須具足一些條件，不是無條件的。供養地藏水，飲服之後，在三、七日內勿殺害，邪淫妄語這些戒，或許你可以做得到的，但是還有一種，「至心思念大士名」。這些條件如果你做不到，效果當然就沒有了。

經上所說的一切，如果都符合條件了，你做的很誠懇，很有信心，若是還沒有效果，或者會產生懷疑，或者對經上有些謗毀，那不只是對這一部《地藏經》而已；我說的這種情況是很普遍的。

這十幾年來我所遇到的懷疑問號非常多，主要的原因是我們自己的信心不足，特別是不能夠「至心思念大士名」，無論對觀世音菩薩也好、對地藏菩薩也好。

衆生不反觀自己

有的道友向我反應：〈普門品〉上說一念觀世音菩薩聖號，危難就解決了。他說自己遇到幾次危難，念了就是不解決。

前天我跟大家講過，我在監獄裡頭，教他們默念觀世音菩薩聖號，不敢出聲念，有的效果特別好，在審問的過程，乃至處理他的問題都很輕鬆。有的念了不解決問題，為什麼呢？因為眾生不反觀自己，總認為是對方的問題；或者經書上所教導的、善知識所開示的，他認為不夠誠實。他不知道自己業重緣淺，助緣的力量不夠深厚，效果就不大好。

他認為出家一、二十年或三、四十年，五、六十年，像我出家七十年了，但是回想起來好像也沒有得到什麼。問這個問號的時候，你想得到什麼？你又失去了什麼？捨掉了什麼？這是你學習的一個前提。

特別是初發意的菩薩，用一句通俗的語言來形容：出家一年佛在眼前，出家三年佛上西天，出家五年、六年、七年、八年、十年之後佛到哪兒去了？沒有了。不是佛沒有，而是心沒有了，他的心裡沒有佛，念三寶的心，沒有初出家時那麼猛力。

你看我們初來的道友，為了讓寺院能夠收留他，你提什麼條件都能答應，只要一心能住下就成了。收下之後，勞動一年或者進培訓班或進了預科班，問題就漸漸出來了。本來是說學了法，共同修行可以得解脫煩惱可以少一點，內心障礙不會再嚴重吧！結果呢？我想每位道友都有經驗，恰恰相反。

從寺裡出去的同學也不少，老同學在這兒住很久的也多。我遇見同學問她，思想就完全不同了，不像最初來這裡的道心猛烈。

雖然在這裡住了好幾年，她是我在福建萬石岩寺的老學生，在這裡住了好多年，年齡四十多歲，該安定了吧？個人不認得個人的業，不去消個人的業障，還抱怨佛法不靈，後悔出家把她耽誤了。

我說：「不耽誤妳，妳無非嫁人生孩子，妳還能得到什麼呢？妳抱怨什麼呢？誰把妳耽誤了？」不是佛教把妳耽誤，是妳對不起佛教。妳在佛教混了好多年，給佛教做了什麼貢獻？不是指佛穿衣、賴佛吃飯，佛菩薩加持妳已經照顧很多了。

理若明了　事上不會有煩惱

我說這些話，大家要反省自己，隨時隨地都會有煩惱的時候。因為理未明，事上一定要生煩惱；理若明了，事上不會有煩惱了。每件事都是理，理是什麼？

理即是心。心是什麼？是真心。真心是什麼？就是你自己本性自體。你的性體跟佛無二無別，那是空性，一切無障礙。你能夠這樣子，依這理能徧一切事，一切事上理都能通的過去，無障礙了，是你的理未明、發心不同。

秤錘法師出家的啓示

以前虛雲老和尚講個故事，那是明朝雲南的事情（按：請參照「虛雲和尚全集」第二冊開示）。一位在家人姓蔡的，後來他出家了，外號叫秤錘法師。他出家的因緣大家聽了很奇怪，他家父母雖然遺留下很多的產業，他還是很精勤，每天都種菜、下地，種完菜把菜賣了。

為什麼叫秤錘？他賣菜給人家的斤兩都是多的，他說：「我自己種的，多抓一把給你沒有關係！」他是這樣想。他的妻子很美貌，但是不守規矩，找些野男人，他明知道也不管。

他越不管，妻子膽子越大，有一次他想通了，一早就上街去辦一些酒席酒菜拿回家，他知道那個野男人在家裡。等他回來了，野男人還得躲一躲、鑽到床底下去，他就自己在廚房做菜，他的妻子過意不去，也就洗洗臉幫助他去做。都做好了，擺筷子的時候，妻子擺兩雙筷子，他就說：「擺三雙筷子。」妻子：「怎麼擺三雙？」他說：「我今天請個客。」她說：「哪有客人？」「等一會兒就有了。」筷子擺上了，他就跟妻子說：「把客人請出來。」妻子說：「哪有？就我們倆人。」「妳的床底下還有一個。」他妻子沒有辦法，把床底下的人請出來了。

他請喝酒，那人不敢喝以為是毒酒不敢喝，「我喝給你看。」他就先喝，哎！那個姦夫也就喝了。酒足飯飽他就站起來了，「我託你們倆一件事。」他倆就愣了。「答應我，什麼事都和平共處，你們幹你們的，我幹我的，不答應我，我今天把你們倆殺了。」

刀子就往桌上一擺說：「我這個妻子以前想把她休掉，怕沒人照顧，現在你照顧得很好，也不讓你白照顧，我所有的家業都歸你。」完了就給姦夫磕了三個頭，「好了！從現在起，這個家就是你們的。」

距離他家幾十里路，有間廟（按：昆明長松山西林庵），他就出家了。大家想想，男的女的都一樣，他這種捨得心情是什麼心情？什麼心境這樣來出家？修沒有幾年他就成道了具足神通。

不說他了。就說這一家人吧！這個男的好吃懶做，什麼也不幹，又好賭博，有再多產業都靠不住的。以後還打罵這女人，哎！這女人就懷念起以前的丈夫。她跑到山裡頭，想請他丈夫回來，可是她丈夫不理他。她知道她丈夫愛吃鯉魚，做一盤鯉魚給她先生送去，她的先生說：「哎！謝謝妳給我送來這個，但是我收到妳這個禮物，我替妳消災消業，我把牠放生！」這個女人說：「我這個都做好了，怎麼能放生呢？」他說：「牠還沒有死，妳把牠倒在池裡頭。」那魚就游走了。

虛雲老和尚講這個故事的時候，我還是小和尚，他說：「想成道，你是怎麼出家的？有沒有這個氣度？是不是這樣放下的？」

虛雲老和尚出家的故事

大家知道，虛雲老和尚是二十歲出家，那時候他父親在泉州當官，同時給他娶了二個女人，結婚後不久他逃到鼓山，跟妙蓮老和尚出家，修行沒多久，就隱身於鼓山華藏洞禮萬佛懺，從此跟家庭斷絕關係。

他不是有二位夫人嗎？那時候古來結了婚，丈夫雖然逃跑，妻子照樣守著。因為虛雲老和尚生下來，是個肉蛋，他的母親就嚇死了。後來他父親娶了個姨母，那時他的父親在泉州做官，是姨母把他帶大的，同時也把他那二個太太帶大。他父親看兒子找不到，不知跑到哪兒去了，一氣之下官也辭掉，就回湖南湘潭。到了湘潭，連氣帶病他父親就死了，他的繼母帶著他兩個夫人把家宅改為庵院，也出家了。

像虛雲老和尚這樣身世，以及他所講的故事，我聯想到，這是一種放的下、看的破，出家才有所成就。

大家都學過〈大乘起信論〉兩種熏習，一個是染熏習，一個是淨熏習。如果你一天盡跟三寶熏習，就算今生沒有成道，善根已經相當深厚種下去了。你在這個基礎上再來生，再來生，要不了幾世，你還是能成就的。

我跟有些道友談，能在普壽寺住下去，就算你沒有成道，就這樣隨著大眾修行，你能住上三十年、五十年，再轉世就不是這樣子；生生如是，要經過多少大劫的修行，不是那麼容易成佛的。但是你這個精進心不要產生懈怠，對佛所教授的方法、經典不要產生懷疑，是你的心不誠、願不真、行不切，你那個行是表皮的，不是真正用功。你拜佛的時候心不在焉，不能全部投入。

拜佛念經 那是打仗

拜佛、念經，那是打仗，敵人拿著槍，你也拿著槍刀要作戰，隨時都在生死關頭，你理解嗎？跟什麼作戰？跟你的煩惱魔障、過去宿業，它總是往墮落那邊牽，往塵垢那邊牽。你心裏想什麼要非常注意，對地藏菩薩功德，對於地藏菩薩所教導的事，你不注意，總是說地藏菩薩沒感應，乃至讀〈普門品〉也如是，說觀音菩薩沒有感應。觀音菩薩、地藏菩薩在這個世界上感應非常大，但是得有緣。

大家想過沒有？現在這地球六十多億人，信佛的接受三寶教育的能有好多？表面上是佛弟子，心裡在做什麼、想什麼都不一定，就連這個也算數，數字很少了。怎麼能夠轉變世界上一些災害呢？善惡懸殊，力量不夠，所以叫末法。這時候叫末法，還早的呢！越往後越嚴重，到後來什麼經都沒有了，能有個和尚的形象就很不容易，三寶逐漸消失，到一萬年都沒有了，現在才一千八百年，還早呢！

到那個時候想種個善根都很難。你若拿這個一比較，心裡想要感佛菩薩恩，我們這裏有憶恩堂，涵義就是這樣。你已經得到加持了，別不相信自己，更不要不相信佛菩薩，是我們的信心不夠，你的願也不真，你的行為絕對不是全部投入的。

因此現生真想得到證果、煩惱斷盡、得到解脫，這是絕對辦不到的。那你怎麼辦？逐漸修，不要喪失信心，要精勤的修，像佛教授我們的方法，你常時用。你用一天不靈多用二天、天天用。

天天供地藏水

說供地藏水，我就怕得老人癡呆症，天天供地藏水；以前我喝，現在有人替我供、有人替我喝，他喝我喝是一樣的，我觀想就是了。

不論是誰，如果道心退了，塵垢心就增長，那個越增長道心越退，後來道心沒有了。隨時精勤不要失去道心，要相信佛所教導的話，《地藏經》最後二品要多讀一讀，《地藏經》從頭到尾囑託這個菩薩、囑託那個菩薩，乃至護法神都囑託，就是為了讓他護持我們、讓我們不退失道心。

我們要報佛恩。《地藏經》從頭到尾，佛就囑託地藏菩薩救度眾生，乃至有一點善根一毛一塵一沙一渧，有這麼一點點佛教的善事，我一定把他救出去，不讓他墮地獄、墮三塗。

佛又跟觀世音菩薩說：凡是經上所說的，《地藏經》第九品稱那麼多佛名號，聞見一個佛名號可以把過去的罪業消除了，假使我們不信呢？不信，那就不靈了，唯信能入。你不接受、功德也沒有了，唯信能入。

我們特別把第十二品〈見聞利益品〉給大家說一說，大家讀《地藏經》的時候反覆的讀一讀，佛的大悲心非常切，一再的囑託諸佛菩薩教育我們、教授我們，不要把我們捨棄了。我們自己怎麼辦呢？應該接受、應該相信，不然不知道我們這裡頭哪位是地藏菩薩。

我們知道新羅的金喬覺來到九華山，那是地藏菩薩的化身。地藏菩薩化身千百萬億，比人類的眾生都多，我們不知道哪位是？誠懇誠心相信，你如果是地藏菩薩的心，你會遇得到的，或者夢中、或者見到獲得加持。

佛告訴大家說：讓觀世音菩薩弘揚《地藏經》，若有人能見到《地藏經》的，稱地藏聖號的，就能不墮地獄也不墮三塗，大家一定要信。現在大家讀《地藏經》的很多，也聽了講解了，這就是一念信心。

我那天跟大家講高峰妙禪師的故事，一念信心就超過二十劫，豈止二十劫，四十劫、五十劫、一百劫都超過。我們天天念八十八佛，你相信嗎？《地藏經》第九品〈稱佛名號品〉有很多佛的名字，八十八佛在《地藏經》重複一下，一佛名字，你有信心，就可以消你很多大劫的罪。

在第十二品〈見聞利益品〉，不只地藏菩薩，就是觀世音菩薩亦如是。所以觀世音菩薩請求佛說地藏菩薩功德，佛就先讚揚觀世音菩薩：你在娑婆世界因緣很殊勝，無論哪一類眾生，若天若龍、若男若女、若神若鬼，乃至六道眾生，聞到你的名字、見到你的形，戀慕你或者讚歎你；這類眾生都能成佛，還不是一般的功德，而是於無上道不退，常生人天，具受妙樂，因果將熟，遇佛授記。這是在《地藏經》上才有的，其他經上佛沒有表揚請法者，佛在這部經上特別表揚。

表揚觀世音菩薩及堅牢地神的目的

這是表揚觀世音菩薩及堅牢地神，目的是使他們宣揚《地藏經》，我們之所以能聽到《地藏經》，跟觀世音菩薩功德是分不開的。

佛又讚歎觀世音菩薩：你的慈悲心特別大，大悲心憐愍眾生，所以我現在跟你說，你護持《地藏經》、宣說《地藏經》，使一切眾生都能得到不可思議的利益。你不是讓我跟你說說地藏菩薩功德嗎？那你好好聽吧！「汝當諦聽，吾今說之。」觀世音菩薩答覆：「唯然。世尊。」

佛就告訴他：在未來、現在，天人他的天福盡了，五衰相現、華冠萎落、腋下出汗、眷屬分散，一定要墮惡道的；假使在這個時候聞地藏菩薩名號、見到地藏菩薩形像，磕一個頭、禮一拜，「一瞻一禮」，這是指瞻禮地藏菩薩形像，就這一瞻一禮的功德、聽到名號的功德，天人的天福又重新增長、永不墮三塗，地藏菩薩利益眾生的功德就有這麼大。這些話是佛跟觀世音菩薩說的，不是假的。

佛是真語者、實語者、如語者、不誑語者、不異語者，大家誠誠懇懇的信。這只是聽到，如果能見到地藏菩薩，用香或者華、或者衣服、飲食或者是瓔珞寶貝來供養，那所獲得的功德福利更大了。

大家都讀過〈普賢行願品〉，普賢菩薩十大願王的第三大願，「廣修供養」。供養願中，法供養為最。你供養香、花、燈、塗、果、茶、食、寶、珠、衣，乃至供養三千大千世界，十方世界供養都不如法供養。

比如說你念上一千聲地藏聖號，拿這個法供養，供養十方諸佛。如果你念部《地藏經》供養諸佛，乃至於沒有時間念，就稱經的名號來供養，你的福德是不可思議。但是這個時候得一心的、真誠的、清淨的。怎麼樣算清淨的？心無雜亂什麼都沒有，只有一心一意，以法供養諸佛菩薩、供養地藏菩薩，拿這個功德所感的果也是不可思議的。

不要太執著，認定供養必須買束花、買些東西供養，你那個供養微小的很，而且有些出家人持銀錢戒，你把持銀錢戒的功德供養就好，這也叫法供養。持戒的功德很殊勝，你用持戒的法供養，真實修行功德供養諸佛菩薩、供養地藏菩薩，這叫會供養。不然你非要買束香華、買點餅乾、糖果之類的，非得花幾個錢心裏才安，這是沒有必要的。

佛又跟觀世音菩薩說：若在未來、或者現在這世界上，一切眾生都要死的；如果在臨死的時候，能夠聞到地藏菩薩名，一聲南無地藏菩薩，在他耳根聽到了，一歷耳根，永不墮三惡道苦。

大家要相信啊！從你現在聽到了，不用再下三塗苦，不畏墮三塗，沒有了。這不是地藏菩薩說念他的名字可以不墮三塗了，而是釋迦牟尼佛跟觀世音菩薩說的。

一聲地藏菩薩名號 不墮三塗

一聲地藏菩薩名號，歷於眾生耳根，他就永遠不墮三塗了，特別是在臨命終的時候，眷屬把臨命終人的自身財物，這不是集體的、不是家庭的、而是他本人的，多少都沒有關係，屬於臨命終人自己的寶物把它變賣了，或畫地藏菩薩像，或者印《地藏經》都可以。

這個功德使這個命要將盡的人，他的眼睛能看見、耳朵能聽見，在這個時候根識都沒壞，在他眼能見、耳能聽的時候，知道他的眷屬拿他的財物，給他塑地藏菩薩形像，或者給他印《地藏經》；以這個功德力量，這個命終人或許病還能好；或者是命已盡了，那他來生的果報不會再墮三塗，不但不墮三塗他一定能夠繼續聞到佛法，或者生人天中。

我們能夠在寺廟裡頭，或者大眾僧之中圓寂了，大眾僧給你助念，那你的未來更不可思議，非常好。

擇地壽終的啓示

我有個同學觀空法師，住在北京中國佛教會，他死前幾個月，要求把他送到莆田廣化寺，到了莆田廣化寺二、三個月就圓寂走了。

還有，我另外一個同學圓拙法師，我到泉州承天寺看他的時候，已經不能說話了；我跟他說、他就跟我點頭，讓我把他扶著坐起來。我說：「現在你的心裡什麼都不要想，頂好回廣化寺去。」廣化寺是學戒的道場，非常注意臨終助念，他以前幫助好多人，到廣化寺去住，他也跟我點點腦殼。我離開泉州的時候，我知道他回廣化寺了。

為什麼壽終的時候，要擇善地？有助念。這是靠自己的福德。到臨終的時候，他可以從這個地方出去，本來在道場裡住的，能修行到臨終的時候，能有一個善力、有個助力念力使你走，自己的力量不夠、得靠他力。

若自己力量夠了，你一念阿彌陀佛、觀世音菩薩、大勢至菩薩，甚至你念得功德大的話，十大菩薩都來了，觀音、普賢、文殊、地藏都來送你，都在你的周圍。如果自力不夠，他力還是需要的。

我們為什麼念佛念得那麼懇切？《大乘大集地藏十輪經》對這個說的很重，地藏菩薩一定送你到十方淨佛國土，你意願到哪個國土去，地藏菩薩都能送你去，能免除一切劫難。《十輪經》經文很長，在這個末法當中，經文中描寫現實的情況等於拍錄像一樣，比《地藏經》說的比較廣泛。

大家以為《十輪經》只是十輪，不是的，有無窮無盡的十輪，十惡輪、十善輪，每個都有十輪，貪有貪的十輪，瞋有瞋的十輪，每個都有十輪，所以叫十輪。「輪」就是摧輾的意思，用善把惡摧滅，這麼一個涵義。經上說地藏菩薩能送你到十方淨佛國土去，每部經都有這個力量，無論你誦哪部經。但是你不要起分別心，說這是大乘、那是小乘，哪個有力量、哪個沒有力量，你不要起分別心，要用你的心力，經都是平等的，不過是顯示的不同。

《地藏經》的事 得用《華嚴經》來成理

《地藏經》所說的事，得用《華嚴經》來成理，那就變成極不可思議的，這個事用空理來成，這個事全變成理了。一件事情在聖人來運用的時候不同，在凡夫運用的時候又不同，在三塗道運用起來又不同。我們用這件事就是這件事，佛菩薩不是了；這件事是理，徧於理，拈這件事就是整個的一大法界。所以打華嚴七就用這個理來理解，這就是遮那妙體，拈這一微塵。這一微塵就是遮那妙體，就是法身佛。拈那一微塵就是隨拈一法，無非法界。

《地藏經》如果那樣講起來的時候，就完全不同了，事跟理相結合、相融通了，所有的理全變成事。所以拈每件事就是全體的理，理即是心。我們打華嚴七的時候跟大家講，為什麼祖師要把一切經論判成「小、始、終、頓、圓」或「藏、通、別、圓」？因為沒有次第太籠統，不是凡夫所能進入的，必須得有個次第，但是這個次第到究竟時，是無次第的次第。

現在我們分培訓班、預科班、中一、中二，人家不分你這個，你就是普壽寺。普壽寺比丘尼不管大班小班，別人不管你這個，執事、清眾不分的；但在我們一定得分，事得一定是事，普壽寺就是理，理裡頭住的人不同。懂得這個道理了，你學法要這樣來學。

所以在事上不能不說清楚，這叫圓融不礙行布，行布不礙圓融。說理就是圓融，就是說你的心一空了，這些事都沒有，用空智來進入，這些事都沒有了；你現在沒有得空智之前，必須一步一步走。

佛又跟觀世音菩薩說，若是這個人他的業報命該盡了，一定要墮到惡趣去。趁他臨命終時，變賣他的眷屬自己所有財物，塑了地藏像，或給他印《地藏經》。他本應該墮到惡趣，因為有這些功德利益增勝超過他的罪障、業障，罪障、業障就不現了，那他暫時生到人天享受殊勝妙樂，能夠繼續學佛，一切罪障悉皆消滅。我們經常念的「罪障悉皆消滅」，性體當中本來就沒有什麼罪障，但是在過程當中，事上一定有。

再舉一個現實例子。大家都在適婚的年齡，早該安家立業了。現在你出家的事業殊勝了，這個不現了，現殊勝境界，清淨三寶相。

難道我們這一生都沒有因緣嗎？不是的，那個因緣破壞了，這個因緣建立了。這跟那個道理是一樣的。你懂這道理明白那個，這是真實的，不但罪業不現前，你的神魂還能得到救脫，乃至生天到人間都能夠聞到佛法，這叫得到解脫，可以繼續聞佛法。

不僅如此，佛又跟觀世音菩薩說：「復次觀世音菩薩，若未來世。」這是指末法說的，若有男子、女人，或在乳哺的時候，或在三歲、五歲、十歲以下的時候，他的父母就死了，六親眷屬、兄弟姐妹不在了，當他的年紀長大了，憶念他的父母跟眷屬，兄弟姐妹想看，不知落在何地趣了、生何世界、生何天中？我們就現實生活當中，大家可以看到的。

一九五〇年我們有一部分人從大陸到臺灣去的，還有留在大陸的親屬，這樣的情形很多。我有一個弟子，他跟親屬到臺灣去了，他的父母兄弟姐妹都在大陸，他是上海人，在臺灣長大；出去的時候他年齡很小，聽到持誦《地藏經》，還可以見到親屬，哎！他拼命念《地藏經》，一回大陸他就到上海，父母是不在了，哥哥、弟弟、姐姐、妹妹一大堆都找到了，這樣的情形在臺灣的很多，相會的也很多。

這是現實的，隔了好多生還能見到，這是地藏菩薩加持力。他思念他的父母、想見一見，有個辦法使你再見到。你要塑地藏菩薩的形像，聽到地藏菩薩聖號，你就持名禮拜，或者一天或者七天，真能做到，莫退初心。

但是知道了怎麼樣？死了，你也要知道他墮到哪一道去？像此經上的婆羅門女、光目女，她一求亦復如是，都能見到，一心念佛名號，佛就加持她，她就見到她的媽媽墮落了，就給她媽媽求。

佛就告訴她：假妳的力量，妳媽媽可以脫離地獄苦，生到妳家，未滿三天就會講話。但是壽命很短，十三歲又死了，又得墮地獄，光目女替她媽媽發願，死了不墮地獄了，來生轉為梵志，繼續修行直至成佛。這種事是靠著塑地藏像，或聽到地藏菩薩名，這樣去做就能達到你所要求的目的，這也是釋迦牟尼佛跟觀世音菩薩說的。

地藏菩薩的功德有好大呢？就有這麼大的力量。哪一個眾生求他？哪一個眾生有什麼願力？千百萬億願、千百萬億事，地藏菩薩都能滿你的願，不但得解脫，還使眷屬生到人天中來享受妙樂。

如果那個眷屬自己也有福力，等他問的時候已經生到人天，他向地藏菩薩求，使他更能增勝，很快脫離六道、受無量樂。

假使每位道友能夠瞻禮地藏像，或者打地藏七，或者稱地藏菩薩聖號，「南無地藏菩薩」，念一萬聲，或念千萬聲，求的很誠懇。你或者在定中或者在夢中，看見地藏菩薩給你現身。也可能告訴你說，你的眷屬生到哪界了！你不是想要知道你那些眷屬生到哪界去嗎？地藏菩薩會親自領你去見，讓你看一看。

這一品是〈見聞利益品〉，是釋迦牟尼佛向觀世音菩薩，讚歎地藏菩薩有這麼大的力量、這麼大的功德，一再囑託觀世音菩薩弘揚《地藏經》。在《法華經》〈普門品〉上，觀世音菩薩的功德也如是。

觀世音菩薩弘揚《地藏經》

為什麼釋迦牟尼佛讓觀世音菩薩弘揚《地藏經》，沒有讓他弘揚〈普門品〉呢？大家想一想。

假使佛對地藏菩薩說：「你去護持觀世音菩薩，觀世音菩薩有不可思議功德。」大家也可以想一想。

我跟大家說，不要分別，就是這個涵義。觀音地藏互相揚化，因為這是講《地藏經》。凡是每一品每一會都是大菩薩摩訶薩，都是法身大士，並不是盡講鬼神，這種對《地藏經》的理解是錯誤的。其實，《華嚴經》上講鬼神講的最多。你的認識、智慧不同，看的也不同。

釋迦牟尼佛跟觀世音菩薩說：假使有人能夠持誦，每一天能念地藏菩薩名號念一千遍，念到一千日，當方土地鬼神都會護持他，身邊都有護法善神護持他。

現在衣食豐溢，什麼疾苦都沒有了，一切不如意及煩惱事都到不了他的身上，也到不了他的家，一定能得到地藏菩薩摩頂授記，成佛了。

大家想地藏菩薩都能給別人授記成佛，自己為什麼不成佛？有人問過我，我說：「你看第一品，地藏菩薩度了那麼多成佛的，他自己還沒成佛。你要是這樣去認識，你的觀點就錯了，現菩薩、現佛，都是示現的。」

大家念五十三佛，龍種上尊王佛即是文殊菩薩以前的本尊佛，文殊菩薩久已成佛，文殊、觀音都是示現度眾生。釋迦牟尼佛在這世界示現千百億身，什麼身都現的。《地藏經》第二品，佛跟地藏菩薩說：「我並不是光以佛身來度眾生，什麼身都現。」這些菩薩都是一樣的，不要用我們的分別心來看這些事情。

前面說是念七天，這裡說是念千天；我曾經這樣想過，一天念一千聲，十天一萬聲，一個月三萬聲，一年三十六萬聲，十年三百六十萬聲。你打一二個月的七吧！念三百六十萬聲，那護法神馬上就來了，以後每天再念一千聲，能夠消災免難。

諸佛菩薩告訴我們方法，自己還要創造一些方法，加快成佛的速度。在這事上你學明白了，理上沒有悟得，若理上悟得，事事無礙你沒得到，無礙智還沒得到，那必須還得要修。

大家都知道六祖大師是大徹大悟，二十四歲就接了五祖的法，成了六祖；但是不認識字，還沒有差別智，不能夠圓音。他說的話還是廣東話，不能讓人家都能聽得懂，這就是弘法的障礙。

大菩薩只示現一門，像文殊、普賢、觀音、地藏就不同了，其他的菩薩摩訶薩，像讀《華嚴經》十方世界來的菩薩，各個世界都不同。我們只知道在我們這世界說法，用音聲來傳播佛教。你看《維摩詰經》，維摩詰到香積國借香積飯，他吃飯就成道了，用吃飯來修行。聞香積飯味，以這個來說法，各個世界都不一樣。有些道場很殊勝，現在就沒有了，你一進去，你就感染到道場的不同。

朝鼓山、五台山的啓示

我是一九三二年至一九三五年在鼓山學法，一九三六年來廈門請弘一法師；那時我又特別到福建鼓山，從上海坐船到福州，再坐船到廈門。為什麼我要轉一圈？我要再去看看我求學的地點，那就不同。一九八三年，我再到鼓山去看一看又完全不同了，廟還是那個廟，神還是那個像，心靈感受完全不同了。

像我們朝五臺山，每次的感受不同，最初來朝五臺山想朝聖跡，現在來的次數多了，像你們在這兒住久了，天天還想上五臺嗎？還想鑽佛母洞嗎？還想朝黛螺頂嗎？你們每年要磕頭拜一次，拜到黛螺頂，你每年會有不同的感受。什麼道理？要自己參！說破了就不行，有很多問題要自己參，現在到黛螺頂有什麼感覺？

就像我剛才說的。我小的時候朝五臺山，到東臺有什麼感覺？現在我到東臺好多次了，這都要自己去參！說破了就開不了悟。古來人你參大德、參善知識，他沒有多餘的話跟你說，說這一點，跟他無有緣他點不透，學者起來就走了，他也沒有辦法再點他，這叫緣。

為什麼有人在這個祖師開不了悟，到那個祖師就開悟？這叫緣。這祖師知道我這個弟子到哪個地方能開悟，在我這裡是不行，叫他去參學那個大德去，這就叫因緣。

如果是這個因和緣，緣佔上頭，緣能促成，因只能生起，你是有這個因，沒有外緣成不了功的，任何事情沒有緣是不行的。

為什麼我們要住佛學院？外緣好，能幫助你明白。明白，在佛教叫有智慧。你做任何事情沒有智慧指導，你成不了功。我們五臺山是智慧的窩，獅子窩就是開智慧的地方，你在五臺山開不了智慧，太可惜。

你到五臺山一定是大智慧沒有開，小智慧有點了。但是也有到這兒發瘋的，為什麼？他的業跟這個殊勝地不相符合，沒有外緣，不但不能助成她開悟，恰恰相反，她走到另一個極端去了，這叫冤業病。冤業病，誰都沒辦法，大家也知道。

我那一天跟大家說，如果心地不純，在這裡將來不但對你沒有利益，對大眾也沒有利益，護法會遷你的單，不讓你在這裡住。為什麼有來的小班在這兒勞動一年，有的住下來、有的跑了？這是緣。

未成佛果先結人緣，我們要創造緣。現在我們都是創造緣，跟誰結緣？現在我們住在五臺山，講的卻是《地藏經》，我說你沒有智慧，《地藏經》你進不入，你看見的是字面，理智方面你見不到，你所知道的是現相，本質你進入不了。《地藏經》是圓頓教，一般人只把它當成地獄、天堂、餓鬼，完全錯誤了，這點大家要多參。

你若讀了《華嚴經》，再讀《地藏經》；讀了《地藏經》，再讀《華嚴經》，把兩個合起來看看，非常微妙。什麼微妙？業微妙，文殊師利智慧微妙，也沒有你的業力微妙。你用業力跟文殊智慧來相比，看誰微妙？文殊師利微妙是聖境，你的微妙是業境。

我不是教大家胡思亂想，你坐那裡參的時候必須參透世間的事情，完了你用空性來對照一下。天天念《金剛經》：「一切有為法，如夢幻泡影，如露亦如電，應作如是觀。」怎麼如夢如幻？怎麼如泡如影？怎麼如露如電？你得真正確實體會到才行，你才能進入。

你把如夢幻泡影投入三塗當中，一切三塗都是如夢幻泡影。一切佛果、聖境，聖境不是如夢幻泡影？你看〈清涼山志〉，無論哪個大師見到的，一切就過去了，如夢幻泡影。佛所說的一切法都如是，這「如是如是」，各人解釋不同，現在不解釋，你就「如是如是」。

釋迦牟尼佛的最後囑託

第十二講

地藏菩薩的威神力 不可思議

地藏菩薩的威神力、神通力、智慧力都是不可思議。特別是在南閻浮提利益一切有情，用許多不可思議的實事來教育我們，僅僅短暫的一年、二年也說不盡。希望道友們不論學《地藏經》或學《占察善惡業報經》、《大乘大集地藏十輪經》，乃至其他經論，應當體會到地藏菩薩的不可思議事情。常時如是求、如是祈禱，消我們過去的業障，早日能得解脫，使我們成長有智慧。

現在這個世界上的眾生難調難伏，能遇到三寶很不容易，遇到三寶的因緣了，不但不惜福，還在三寶裡頭造罪業。若是我們見到了，心裡想到了，要發慈悲心不要生煩惱心，要發憐愍心。就在我們身邊的眾生，都沒辦法度他，要慚愧自己的道力不夠、修行的力量不夠，應當先從自己做起。

釋迦牟尼佛在《地藏經》第十二品中，囑託觀世音菩薩協助地藏菩薩，在娑婆世界上教導利益眾生，助釋迦牟尼佛在娑婆世界教導最剛強最難度脫的眾生。

大家眼前所見到的，他對三寶是破壞的、不是維護的；讓他跟我們共同來建設三寶、建設寺院住世三寶，他們看見就是錢，而且設種種方法，想種種陰謀詭計來破壞。你越著急，越使你倒楣，你越想快點完成，他越想盡辦法破壞。這種罪業不從現相看，要看他的未來無量劫。

雖說他不明白因果，但是已經接觸到三寶，我們卻不能度他，實在很慚愧。像這樣我們怎樣發菩薩心？怎樣發願？只有求佛菩薩加持，因為我們的力量不夠。像釋迦牟尼佛對觀世音菩薩說：在這未來世間上有些發菩提心的善男子、善女人，他也想救度眾生，發這個願。現在我們在座的道友，我想都是發大心的。

我們學的就是學怎麼樣發心，怎麼樣利益別人，怎樣符合佛所教授我們的。儘管我們的意願是這樣，但是在事實當中，在我們所遇到的環境，有時候就退了道心，心發不起來；因為眾生太難度了，我們的道力不夠，一定要多學多讀。

當你懂得這個道理，自己讀經，從經上的教義可以體會到。所以釋迦牟尼佛跟觀世音菩薩說：若未來世有善男子、善女人想發大慈大悲心，救度一切眾生，修成佛果，也想脫離煩惱出三界，那應該怎麼辦？

力量不夠的時候 多求地藏菩薩

你感覺自己力量不夠的時候，多求地藏菩薩，見到地藏菩薩形像，或者聽到地藏菩薩名號，要至誠懇切，一心皈依地藏菩薩。「依」是依賴的意思，「歸」（按：或作「皈」）是歸向、回歸的意思。收起過去在三界流浪的心，歸向於地藏菩薩、依賴地藏菩薩，度我們出離三界的苦難。

這時候要盡我們的力量，或者供些香華，或者最近要買一些好東西，先供養佛，先供養地藏菩薩。衣食住行乃至喝口茶，香花燈塗果、茶食寶珠衣這些都可以，凡是你心愛的都可以供養。有一個童子見到佛來了，他沒有什麼供養，就捧一盤沙子倒到佛的鉢裡，那時佛正在乞食，以這個供養都可以得到轉輪王報；因為他是至誠心，不認為這是沙子。

供養 我們的心一定要清淨

供養的時候，我們的心一定要清淨，不要求果報、不要想得太多，認為可以得到很多利益，這樣的心是不清淨的。什麼都不計較，這樣來供養佛，所感的果就能得到不可思議、無有障礙。

如果我們看見現實生活當中，遇到一些壞人不信三寶、不信因果的，我們沒法勸他，他也不信我們。那我們求佛菩薩度他、感應他。在西藏的教義，佛菩薩不是現慈悲身相，而是現魔王，像馬頭明王，那些都是觀世音菩薩化身，他在西藏現的不是那麼慈悲，現的是憤怒相。

我們看見文殊菩薩的劍是智慧劍，用他的智慧斬一切魔，不論內魔、外魔，那是另一種慈悲的方式。像地藏菩薩在地獄現的相，有時候現閻羅王，有時現鬼王，並不是像我們現在所供養的地藏菩薩慈悲相。他看度哪一類眾生？應該怎麼樣度？我們沒有這種本事，沒有這種善巧方便，所以向諸大菩薩學習多種方便善巧，有時示現憤怒相。

但是在我們供養菩薩發願心的時候，要消除修道中的障礙、生活中的障礙，增加我們的增上緣，對三寶的緣要隨時增上。

對待壞人 千萬莫生厭離心

我前面説過，對待一切壞人，千萬莫生厭離心，不要對他有恨心。你度一個壞人勝你度十個善人，壞人的損害傷害很大，你把他度過來不傷害別人，不產生破壞作用，那不是很好？但是我們回頭又想，這是世間上的必然現相。為什麼？魔王波旬的魔子魔孫都派來世間破壞佛法，你要建設、他要摧毀；這不奇怪，我曾經看見這邊在修廟、那邊在拆廟，各是各的因緣。

會拆、會修的故事

我有個祖師的祖師，這位老和尚外號叫「會拆」老法師，怎麼會拆？他會拆廟。我們那個廟，他從山門賣起，不是整個的賣，拆磚賣磚、拆木料賣木料，拆一層賣一層，等把廟拆光了他也死了。隔了好幾代，到了我師公這一代，大家給他起名字叫「會修」，他從山門修，一個一個修，這是因緣法。拆的時候你也別生煩惱，修的時候也沒有什麼喜歡，這就是世間相。所以諸佛菩薩度眾生的時候，若像我們這樣，焦急死了，其實他是空的。

虛雲老和尚的脾氣

有些人認為虛雲老和尚脾氣很大，他根本是空的；不認識他的人，認為他的脾氣很大，你認識他了，什麼都沒有，都是空的。虛雲老和尚教授你的時候，是隨時隨地要你明心。他的開示，一舉一動、一言一行，就是讓你明心。但我們沒有這麼大的智慧、沒有這麼大的力量。我們就求佛菩薩加持、或者求地藏菩薩、或者求觀世音菩薩、或者求大勢至菩薩，就求菩薩加持。

他好像不大怎麼求菩薩，我在他跟前，那時候才十六歲，他都九十歲了，壽命非常長，活了一百二十歲，晚年很受罪，他還是耐心的活著。這是大菩薩示現，我是這樣看待他。

我對我幾個老師，認為他們都是大菩薩示現，各人示現一個，生活習慣、行為，完全不一樣。地藏菩薩、觀世音菩薩、文殊師利菩薩、普賢菩薩又何嘗不是這樣？你讀〈普賢行願品〉是什麼境界？讀《地藏經》是什麼境界？讀〈普門品〉是什麼境界？修文殊師利法，有什麼境界？這些都在佛教化之內，諸佛菩薩互相教化是不可思議。

大家讀過《悲華經》嗎？《悲華經》十六法王子都是文殊師利菩薩教化的，包括阿彌陀佛、釋迦牟尼佛都是文殊師利菩薩教化的，而且他們都成佛了。他又在每個佛前幫助他們行化。不要把一切法都看成真實的，有時候你一修這個觀，喔！你就飄飄然心開意解，什麼事都不要往心裡去，為什麼呢？沒有。本來都沒有，你不是心就寬了、通了嗎？空了才通。

要是認為我們還有個大殿沒開地基，法堂沒修完，齋堂沒完成吃不成飯了。若修好了不用來回過堂，來一次就吃了吧！緣未成熟，你想早一天成也不行，成不到的，這些都如夢幻泡影。作幻化的佛事，隨順世間、隨順眾生。我們沒有別的辦法，只有念地藏菩薩、念觀世音菩薩。遇到災難了，遇到困難了不要哭。遇到困難念佛菩薩的時候不要哭，流眼淚沒有什麼用處，只告訴人家你是軟弱的，告訴人家你是沒辦法了。你看文殊菩薩幾時哭過？沒有。

不過，我在鼓山的時候，慈舟老法師上課，這個老人家無論講戒也好，一講到眾生苦就哭了，他講課時經常哭；虛雲老和尚脖子很硬，總是很嚴肅，沒有悲哀過。

我就帶著這個問題，問我們禪堂的首座和尚，為什麼虛雲老和尚那個樣子？為什麼慈舟老法師那個樣子？我請他開示。

他說：「哭者是阿難、不哭者是迦葉。」讓你自己去領悟去吧！哭是觀世音菩薩，那是大悲心，看見眾生苦就流淚，那是示現的。我們在漢地，看見觀世音菩薩永遠示現女相，女相表慈悲，在西藏很少看見，我們這個觀音像，在西藏是沒有的，西藏觀世音菩薩都是憤怒相，在同一個國土之內示現不同的相。

〈大悲咒〉八十四相 統統是假相

還有你看〈大悲咒〉八十四相，統統是假相，沒有一個是真實的。我們一面求觀世音菩薩，一面求地藏菩薩加持我們，都是從我們自心生起大悲心、大願心；等你修文殊法，念〈文殊師利菩薩略誦儀軌〉的時候，那又不同了。你修智慧，這一切都是假的，修般若智的時候要修空觀、要念空觀的咒。

念空觀的咒 空義現前

這個咒念久了，心裡遇到什麼事情空義馬上現前，空義一現前，有什麼煩惱？一切都不建立了。

「**嗡。桑巴瓦蘇達。沙瓦達麻。桑巴瓦蘇埵行。**」

就念這麼一句，一直這麼念：

「**嗡。桑巴瓦蘇達。沙瓦達麻。桑巴瓦蘇埵行。**」

念念念的，你心裡什麼都是清淨了，什麼都沒有，念久了，你連自己及座位都空了，那你就有一點功夫了。

很多道友問我：「說念《地藏經》也好、拜〈占察懺〉也好，好像跟地藏菩薩求的太多了，不是太囉嗦了？」我說：「有好多？有十萬嗎？」他說：「哪裡有那麼多！」我說：「有百萬、有千萬、有上一億嗎？」《地藏經》上說百千萬億願、百千萬億事，向他述說都可以，都能滿你的願，怎麼理解呢？我沒講這段經文之前先說，他加持你有智慧，智慧無礙、辯才無礙、語言無礙、文字無礙、記憶力無礙、一切都無礙了；等你空了，百千萬億願一願也沒有，百千萬億事一事也沒有，都是空的，大家要這樣理解。

當你一半向菩薩求，一半自己修觀，你自己的心地含藏無量性功德。當你拜地藏菩薩，自己的問題已經解決，是這樣子解決的，不是一件事、一件事來加持的。

所以，不理解的時候就覺得菩薩不嫌麻煩嗎？一個人求百千萬億願、百千萬億事，那無窮無盡眾生、百千萬億眾生，每個人都有百千萬億願、百千萬億事都這樣求菩薩，菩薩會嫌麻煩嗎？因為他的心容得下，你這個根本都是空的，願也是空、事也是空。

在沒有證得、沒有悟得之前，你空不了，那要請求菩薩幫你解決。所以依賴、歸依、依靠，以前離開我們自己的心地，現在假修地藏法、回歸自己心地，回歸自己本來的性藏，那也跟地藏菩薩合而為一，自己就是地藏菩薩。

先有而後空 空後又建立有

修地藏法的時候，你就跟地藏菩薩合；修觀音法的時候，就跟觀世音菩薩合；修文殊法跟文殊菩薩合了，有這樣一個涵義。在你修觀的時候，修的時候看你怎麼樣修，修行是有次第的：先有而後空，空而後又建立有，建立這個有叫妙有，你所修那個空就是真空。因為真空故才能建立一切妙有，因為妙有故才能回歸真空。真空妙有、妙有真空，這就到究竟了。

像剛才講的，這邊在拆廟，那邊在修廟，這邊破壞光了，那邊修成了。這邊是死，那邊是生，不是這樣子嗎？你到醫院看，產科醫院那邊生小孩子，同時間那個醫院也死了好多人。生歸生、死歸死，互不相干。世間上的事，如果你用慧眼觀察，「慧眼了真空」，簡直是唱戲。人生在這個世界上就是戲場，看你化妝什麼，化妝什麼就是什麼。

梅蘭芳的戲

一九三一年九一八事變，我那個時候還沒有出家，剛到北京一同去看梅蘭芳的戲，梅蘭芳三十六歲，下了妝我也去看他到底長得什麼樣子？一臉大毛鬍子，上妝現刮。你看那戲裝上的所有四大名旦，老的畫上妝又是一個人，下了妝又是一個人，女的化男的，女的也能化成老太太。其實，化什麼都是假相。

那個時候我雖然還沒出家，心裏模模糊糊的對這世間相上就有點悟性，這也是後來出家的根源吧！看見世間相就是這樣。

又看見我們軍閥政府，今天是這個政府，明天又是那個政府。那個時候南京政府、北洋政府，有位老先生做個對：「南政府，北政府，政府何分南北；總而言之，統而言之，總統不是東西。」

聽起來好像是笑話，實際上涵義很深的，東西南北沒有東西南北，他配的非常好，「南政府、北政府，政府何分南北；總而言之、統而言之，總統不是東西。」東西南北都沒有，我那個時候還沒有出家，這句話就引起我的思考。

一切事物根本不存在，隨時在變化。自己想想我十五、六歲，二十幾歲的事情，現在這個世界跟那個時候世界完全不一樣，在五臺山裡頭，這真是另一個世界。

好多問題不要想的特深了，不要鑽牛角尖，那該怎麼辦呢？就在你現實生活當中的事去參吧！這都是佛法。

現在大家將要誦《華嚴經》，隨拈一法無非法界，微妙的很。由此倒退二、三千年，釋迦牟尼佛在世，再倒退一億年、二億年，再把這一億年、二億年擱在現實生活當中去，就是現在；我們在這兒學習《地藏經》，地藏菩薩現在在哪裡呢？他在哪裡度眾生？他能現出來很多世界，他正在哪裡說法度眾生。

我們準備打七，華嚴七或者念佛七，九華山現在也準備打地藏七，打到七月三十日。

臺灣有位老和尚跟我很好，每年這時候他必定朝九華山，這回在臺北他跟我說：「老法師，你來九華山。」我說：「我在五臺山，你在九華山。我在五臺山講地藏菩薩，你在九華山去講大智文殊師利菩薩。一樣的，平等平等。」大家心裡要這樣想。

我們這個地方講的是地藏菩薩。因為釋迦牟尼佛跟觀世音菩薩說：若未來世，一切發心的善男子、善女人於大乘經典深生珍重。他也想好樂、也想讀，縱使遇到很好的老師教也沒有辦法。怎麼教他，他也念不會，業障很重吧！這個時候怎麼辦？他若於大乘經典沒有讀誦性，若能聽到地藏菩薩名，有這個善根；或者見到地藏菩薩像，要誠誠懇懇向地藏菩薩像求，盡他所有的好東西，都供養地藏菩薩供一供，所有一切玩具都可以，這是修行的法門。

地藏水的修法

如果大家沒有讀誦性，讀了就忘了，記不得了。假使說我們看《華嚴經》、看《法華經》，看一遍都記住了，再不用看經本了，那多好啊！像《地藏經》念一遍再不用經本，就能背誦得一字不差，誰都希望吧！你若想如此，就請一尊地藏像，紙像也好，不論大小，供上一杯乾乾淨淨的水，今天早晨供，明天早晨把這杯水喝了，喝的時候要至誠懇切、至心殷重，把這個當成最大的事情。

但是一定在地藏菩薩像前供一天一夜，然後兩手捧著那個水杯，跪著或者立著也可以用。但不要用供水杯喝，另外拿你常喝水杯子倒在那裡頭，供水杯還要供養。兩手捧著喝，在喝的時候你要發願，大蔥、韭菜、蒜、薤、興渠這五辛，不要入口；也不要喝酒，當然我們都沒有淫欲的念，這是指邪淫，夫婦關係不限。不說假話，這個很容易犯，很多都說假話，這是妄言。

但是必須見到好相，地藏菩薩在夢中來給你摩頂。或者加持你，你得到這種好相，那你的記憶力就恢復了。我也飲，但是不求恢復記憶力，因為我現在的記憶力還可以，還沒到老人癡呆症。我求什麼？求宿命智，不要忘失過去、未來，不是求現在。

飲完水之後，經上說面向南方，因為地藏菩薩不是在這世界降生，是在南方世界降生，在九華山的地藏菩薩是唐朝的化身。像那樣化身的地藏菩薩，無量世界太多了，第一品就說了千千萬萬億。

你喝地藏水的時候要非常慎重，喝了之後，如果你在睡夢中見地藏菩薩現無邊身，給你授灌頂水。哎！那你就明白聰明了。所有的經典一歷耳根、即當永記，更不忘失一句一偈。人人都想得到，也這樣求。我有很多道友就是這樣求的，感覺恢復了一點，但是效果不大，心還不至誠，多喝吧！你喝上一年再看看，天天喝，我天天就這樣發願，效果就有了。

佛又跟觀世音菩薩說：若未來世，有些人生活很艱苦，吃不飽、穿不暖，到冬天了還是穿單衣，棉衣服還沒穿上，或者求任何都不大滿願，事與願違，又有疾病、又窮。像這些凶衰的事，家宅不安、眷屬也分散，甚至連睡覺都做惡夢，該怎麼辦呢？

釋迦牟尼佛跟觀世音菩薩說：如果有這些事，他聽見地藏菩薩名字，至心恭敬念滿一萬遍，這些不如意的事情漸漸消滅，那就得到吉祥，得到吉祥這種境界就轉變了，以後就安樂了。

不僅如此，佛又跟觀世音菩薩說：復次觀世音菩薩，若未來世，有善男子、善女人，不論在公事、在私事，或者求生死，或者因為有急迫的事情，要到危險的地方，過渡河海所走的路非常危險，那怎麼辦呢？先念地藏菩薩名號萬遍，所過的凶險的地方都化為吉祥。

念地藏菩薩的不思議力量

有一個人向我說：在西藏，路上會有搶劫，大概每天下午二、三點鐘，那個地方是不能走的，土匪在那兒搶劫；但是他非在這個時間趕回去不可，他就念地藏菩薩。過了那個山口，什麼都沒看見，等他過到那邊山底下住店的時候，前頭走的被搶了，後頭來的也被搶了，他卻什麼都沒看見，土匪也沒有看見他。

你說這個不可思議？同一個時間，他為什麼沒看見？像這一類的情形，好多道友向我反應：這是他們求來的。

還有生癌症的，特別在加拿大溫哥華跟我一起拜懺的道友，醫生本來沒有辦法治療了，特別是癌症沒有辦法治療。我也是生癌症，現在開刀很多年了；我跟正常人不一樣，這些年當中我也沒有停止講課，你們也沒有看到我有什麼異常現相。跟我同時害這種病的人，他還能講課？他能到哪裡去？他連到大眾那裡去都不行，因為氣味非常的重。現在你們沒有聞到我有什麼氣味，那不是菩薩加持嗎？

好多的事情，第一個要信，第二個要發願，第三個要去做。我剛才講空的時候，空觀要證得才可以，空觀沒證得是不行的。我也想走，沒有本事走不了，有本事的人坐脫立亡，這個屍體不要了，活著也是帶個屍體走，辦不到！為什麼辦不到？業還沒有消完。

古來人坐脫立亡，一坐就走了，我沒有這個功夫，所以還不敢走。要走，自殺可以走，自殺非要下地獄不可。越是這樣越走不了，這叫業。業未清淨你走不了，遇見惡鬼惡神使你恐怖，或者你住那個地方，有獅子、虎狼的毒害，如果你念地藏菩薩聖號，都能保證你安全。

因為以上種種緣故，佛對觀世音菩薩說：「是故觀世音，汝以神力。」你就應當以神通力、感召力，好好弘揚《地藏經》，令娑婆世界眾生百千萬劫永受安樂。

《地藏經》的重頌

底下就是佛所說的偈子，是前頭長行文的重頌。

「吾觀地藏威神力，恆河沙劫說難盡。」我若跟你講，講到恆河沙劫那麼長時間也講不完。

「見聞瞻禮一念間，利益人天無量事。」乃至見到地藏菩薩，聽到地藏菩薩名號，就這一念間使六道眾生得到的利益，無量無邊。

「若男若女若龍神，報盡應當墮惡道。」死了之後，六道眾生要墮到惡道裡頭去，只要他現生，「至心皈依大士身，壽命轉增除罪障。」不但不死，還把罪障消失了。

「欲修無上菩提者，乃至出離三界苦，是人既發大悲心，先當瞻禮大士像。」你要想求得聖果，想消災免難，先請一尊地藏像供上，多磕頭禮拜就好了。

「有人發心念經典，欲度群迷超彼岸。」假使有人發心念《地藏經》，想度一切迷惑的眾生，都讓他們脫離生死苦海，這個願是不可思議的。但是一發就忘了，一發又消失了，經常斷斷續續。

像我們很多念《地藏經》，雖然發願要受持，有很多障礙使他不能相續，很多道友發願：「我一生不斷。」不斷不行，到時候就斷了，或者自己、六親眷屬病魔，或者家庭環境不順心、生意賠了，煩惱了；這時候應念《地藏經》，他不念了、斷了，斷斷續續的。這個人有業有惑，對大乘經典不能持誦，或者想發心念經，《地藏經》就是念不全。

有一個人跟我說：「念別的經還可以，一念《地藏經》眼睛看不見了。」我說：「那你就不要念了。」他說：「不念怎麼辦呢？」我說：「磕頭呀！念一聲地藏菩薩名號磕一個頭，磕上一百天後再念就能念了。」在這個時候發現這種情況，買點水果，或者心愛的衣服玩具都可以，供養到地藏菩薩像前。

你念經出了障礙，記不得，像我剛才說的供水，

「以淨水安大士前，一日一夜求服之，發殷重心慎五辛，酒肉邪淫及妄語，三七日內勿殺害，至心思念大士名。」

一天當中就想地藏菩薩：

「即於夢中見無邊，覺來便得利根耳，應是經教歷耳聞，千萬生中永不忘，以是大士不思議，能使斯人獲此慧。」

這是假外力、假地藏菩薩的加持，但是沒有自心的善根力生起，你也遇不到經；遇到有人教你，你的內在障礙又出來了，不能繼續念。

或者像我們現在講《地藏經》，大家的勇猛心發起來了，一天念一部《地藏經》，念不到三個月就不念了，念念沒有什麼好處，我不念也沒有什麼害處，就退了。這樣的人太多太多了。

「欲入山林及渡海，毒惡禽獸及惡人，惡神惡鬼并惡風，一切諸難諸苦惱。但當瞻禮及供養，地藏菩薩大士像，如是山林大海中，應是諸惡皆消滅。觀音至心聽吾說，地藏無盡不思議，百千萬劫說不周，廣宣大士如是力。地藏名字人若聞，乃至見像瞻禮者，香華衣服飲食奉，供養百千受妙樂。」

佛跟觀世音菩薩演說《地藏經》完了之後，囑託觀世音菩薩弘揚《地藏經》。佛同時又在第十三品〈囑累人天品〉中，囑託地藏菩薩救度眾生，這個「累」字即是累次。從第一品，一直到這部經結束，佛一直囑託地藏菩薩救度眾生。

「釋迦牟尼佛舉金色臂，又摩地藏菩薩摩訶薩頂，地藏地藏。」先讚歎地藏菩薩，以後又給他責任，摩地藏菩薩摩訶薩頂，釋迦牟尼佛又跟他說：「地藏地藏，汝之神力不可思議，汝之慈悲不可思議，汝之智慧不可思議，汝之辯才不可思議，正使十方諸佛，讚歎宣說汝之不思議事。」說一千萬劫也說不完。每一個都包括很多不可思議，確實是真的不可思議，我自己也感覺到了。

開刀的親身體驗

當我到台灣動手術開刀的時候（一九九六年元月），我發了一個願，很簡單，我說：「地藏菩薩加持我，別死在醫院。」為什麼呢？死在醫院影響很大。

那一天我在開刀的時候，我的在家、出家弟子們，好多人圍在那個地方，醫院的院長夫婦在加拿大溫哥華皈依我，發現這個病，逼我一定要到他的醫院開刀。在他的醫院像我這樣開刀，病房費用是很高的，一般人住不起；但是我一毛錢也沒花，開了六個半小時。早晨九點鐘進去，下午四點鐘才出來。

出來的時候還很好，確實沒死，地藏菩薩加持滿我願的。出來之後，要打麻藥針。我那個弟子特別照顧我，安了一個掛在瓶子，一感覺痛拿手一按就行，麻藥就進到身上，一麻就不痛了。

痛不痛？痛還是真痛，但要忍受；我大概是以前在監獄訓練過，別的本事沒有，忍痛的本事我是很有，你們要聽到我喊痛的時候，恐怕聽不到，我很少喊哪兒痛、哪兒不舒服。

痛不痛呢？痛是真的？痛是假的？痛是真的，還是痛，但是你要忍受。忍痛、忍辱，好像你學甚深法也要忍受，沒有忍字你接受不了，得有忍慧。

聽《華嚴經》、讀《華嚴經》的時候，不要起懷疑心，聽到把地藏菩薩功德說的那麼大，你能認可佛所說的是真實的，你別說我求地藏菩薩好幾年，簡直不靈。等你念《地藏經》或者求《占察善惡業報經》、拜占察懺拜上三、五年，你感覺也沒有什麼。

無著菩薩求慈氏菩薩，求了十年、二十年還是沒有感應，你在普壽寺住上三年、五年、甚至住八年，還是沒有得到什麼。有沒有這個問號？你已經得到很多了，不過自己還不認識。你必須得要忍，等智慧開了你才知道。

像佛讚歎地藏菩薩種種不可思議，不但我這樣讚歎，一切十方諸佛讚歎這不可思議，說一千劫都說不完的。但是你要知道，讚歎你是什麼目的？記到在今天忉利天當中，於百千萬億不可說不可說一切諸佛、一切菩薩、天龍八部大會之中讚歎完了，不是沒事做；正因為你這麼不可思議，我才給你一個責任，在火宅中，未出三界的一切眾生，你把他們都救出去，不讓有一個墮到無間地獄。一到那個地獄千萬億劫沒有出期，但是你最好叫他們別掉進去。

能夠得到佛的讚歎很不容易，但是讚歎後面的責任非常重，讚歎完了給他責任。就是在釋迦牟尼佛末法眾生，種一點點善根的，你都把他度了，不要讓他墮到地獄。

「地藏」，佛又呼一聲地藏菩薩，說南閻浮提眾生他沒有自性、不定的，今生是比丘、比丘尼，再一轉世就變了。現在好像是三寶弟子，一轉世就忘了。現在習惡者多，發善心者少，能夠延長一段時間還算好的，須臾即退，受了三皈，出了山門就不是了。在山門裡頭還受三皈，看見佛像恭敬磕頭；一出了山門，就考慮坐什麼車回家？什麼車會便宜一點？少花幾個錢，分別心馬上就有了。

志性無定，縱使發了善心一下就退了，因為這個緣故，才在這個世界上化現千百億身來化度眾生，隨他什麼根性就現什麼身。這跟第二品是遙遙相望的，佛是跟地藏菩薩說，「我並不是光現佛身在這個世界度眾生。」

釋迦牟尼佛沒入涅槃

大家知道釋迦牟尼佛沒有入涅槃，有兩種境界證明他還在這世界度眾生。一位是智者大師，他入法華定的時候看見釋迦牟尼佛還在靈山說《法華經》，靈山一會儼然未散。

還有唐朝道宣律師，給他送飯的張天人，道宣律師問他：「釋迦牟尼佛涅槃之後，現在到哪裡去度眾生？」張天人問他：「你問的是哪一個釋迦牟尼佛？」他說：「我問的就是在印度降生的釋迦牟尼佛。」張天人說：「那個釋迦牟尼佛沒有死，還在講經。」

一個是天人眼光看的，一個是智者大師定中看的。所以釋迦牟尼佛的化身，這是我們的眼睛來看，都是給眾生示現，隨其根性度脫，我是這樣理解。

釋迦牟尼佛向地藏菩薩說：我現在一直都在度眾生，隨他們根性是什麼，就示現什麼身度脫他們，你也要像我一樣。

「地藏」，「吾今慇懃」，慇懃的意思不是怠惰，而是很急迫、懇求，誠誠懇懇的。把未來天人、大眾都付囑給你，未來之世，若有天人及善男子、善女人，於佛法中，種一點點善根，一毛一塵、一沙一渧，以你的道力擁護是人，使他們不要退失。

佛還跟他打招呼：地藏呀！未來世中，若天、若人，隨業報應要落在惡趣的時候，他到了惡趣的門口，已經墮到地獄的門前，他在這個時候若能念得一佛名、一菩薩名、一句一偈大乘經典，你都要以方便神通力把他們救度，粉碎地獄，遣令生天，受勝妙樂。

所以佛又說個偈子：「現在未來天人眾，吾今慇懃付囑汝，以大神通方便度，勿令墮在諸惡趣。」佛囑託了，地藏菩薩就表態了。

地藏菩薩胡跪合掌白佛言：世尊，你不要擔心，唯願世尊不以為慮，未來世中若有善男子、善女人於佛法中一念恭敬，不一定要念地藏聖號，也不一定要念

《地藏經》，只要在佛法中他有一念的善根、一念的恭敬三寶，我亦百千萬計以種種方便，把這個人從生死道中度脫，速得解脫，何況他自己聽到諸善事，念念修行，對菩提道，永不退轉。

同時虛空藏菩薩又請求說：「聞到《地藏經》，或者聞到地藏菩薩聖號，可以得到好多種利益呢？」

佛就給他說二十八種利益，天人則有七種利益；二十八種利益跟七種利益的最後都是畢竟成佛，直至成佛。

我們這是講《地藏經》大意，不是講全經。一切諸法無常的，像我們這樣的法會，沒有不散的，今天就拿這個供養大家。有說錯的，我求懺悔，說對的，我作為供養。

淺說地藏經大意　竟

國家圖書館出版品預行編目資料

淺說地藏經大意 / 夢參老和尚主講；
方廣文化編輯部編輯整理. -- 二版. -- 臺北市：
方廣文化，2020.05　面；　公分
ISBN 978-986-7078-99-5(精裝)
1.方等部
221.36　　　109004936

淺說地藏經大意

主　　講：夢參老和尚
編輯整理：方廣文化編輯部
文稿整理：釋妙雲、釋心圓、隆瑞、*Mendy*、心立
攝　　影：*Michelle*
設　　計：鎏坊工作室
出　　版：方廣文化事業有限公司
通訊地址：10699台北市大安區青田郵局第120號信箱
電　　話：02 2392-0003
傳　　真：02 2391-9603
劃撥帳號：17623463　方廣文化事業有限公司
網　　址：http://www.fangoan.com.tw
電子信箱：*fangoan@ms37. hinet. net*
裝　　訂：精益裝訂股份有限公司
出版日期：2024年5月 二版二刷
定　　價：新台幣320元（精裝）
總 經 銷：聯合發行股份有限公司
電　　話：02 2917-8022
傳　　真：02 2915-6275
行政院新聞局出版登記證：局版臺業字第六〇九〇號
ISBN：978-986-7078-99-5
No.D516A
Printed in Taiwan

夢參老和尚系列
書 籍

方廣文化出版品目錄〈一〉

● 八十華嚴講述

HP01 大乘起信論淺述 (八十華嚴導讀一)
H208 淺說華嚴大意 (八十華嚴導讀二)
H209 世主妙嚴品 (第一至三冊)
H210 如來現相品・普賢三昧品 (第四冊)
H211 世界成就品・華藏世界品・毘盧遮那品 (第五冊)
H212 如來名號品・四聖諦品・光明覺品 (第六冊)
H213 菩薩問明品 (第七冊)
H214 淨行品 (第八冊)
H215 賢首品 (第九冊)
H301 升須彌山頂品・須彌頂上偈讚品・十住品 (第十冊)
H302 梵行品・初發心功德品・明法品 (第十一冊)
H401 升夜摩天宮品・夜摩宮中偈讚品・十行品・十無盡藏品 (第十一冊)
(H501～H903 陸續出版中......)

● 華 嚴

H203 淨行品講述
H324 華嚴經梵行品新講 (增訂版)
H205 華嚴經普賢行願品講述
H206 華嚴經疏論導讀
H255 普賢行願品大意

● 天 台

T305 妙法蓮華經導讀

● 楞 嚴

LY01 淺說五十種禪定陰魔—《楞嚴經》五十陰魔章
L345 楞嚴經淺釋 (全套三冊)

夢參老和尚系列
書　籍

方廣文化出版品目錄〈二〉

● 地藏三經

地藏經

D506 地藏菩薩本願經講述 (全套三冊)
D516 淺說地藏經大意

占察經

D509 占察善惡業報經講記 (附HIPS材質占察輪及修行手冊)
D512 占察善惡業報經新講

大乘大集地藏十輪經 D507 (全套六冊)

D507-1 地藏菩薩的止觀法門 (序品 第一冊)
D507-2 地藏菩薩的觀呼吸法門 (十輪品 第二冊)
D507-3 地藏菩薩的戒律法門 (無依行品 第三冊)
D507-4 地藏菩薩的解脫法門 (有依行品 第四冊)
D507-5 地藏菩薩的懺悔法門 (懺悔品 善業道品 第五冊)
D507-6 地藏菩薩的念佛法門 (福田相品 獲益囑累品 第六冊)

● 般 若

B411 般若波羅蜜多心經講述 (合輯本)
B406 金剛經
B409 淺說金剛經大意

● 開 示 錄

S902 修行 (第一集)
Q905 向佛陀學習 (第二集)
Q906 禪・簡單啟示 (第三集)
Q907 正念 (第四集)
Q908 觀照 (第五集)

方廣文化出版品目錄〈三〉

地藏系列	D503 地藏三經（經文版） （地藏菩薩本願經、大乘大集地藏十輪經、占察善惡業報經） D511 占察善惡業報經行法（占察拜懺本）（中摺本）
華嚴系列	H201 華嚴十地經論 H202 十住毘婆沙論 H207 大方廣佛華嚴經（八十華嚴）（全套八冊）
般若系列	B402 小品般若經 B403A 大乘理趣六波羅蜜多經 B404A 能斷金剛經了義疏（附心經頌釋） B408 摩訶般若波羅蜜經（中品般若）（全套三冊）
天台系列	T302 摩訶止觀 T303 無量義經（中摺本） T304 觀普賢菩薩行法經（中摺本）
部派論典系列	S901A 阿毘達磨法蘊足論 Q704 阿毗達磨俱舍論（全套二冊） S903 法句經（古譯本）（中摺本）
瑜伽唯識系列	U801 瑜伽師地論（全套四冊） U802A 大乘阿毗達磨集論 B803 成唯識論 B804A 大乘百法明門論解疏 B805 攝大乘論暨隨錄
憨山大師系列	HA01 楞嚴經通議（全套二冊）

方廣文化出版品目錄〈四〉

密宗系列	M001 菩提道次第略論釋 (全套四冊)
	M002 勝集密教王五次第論
	M003 入中論釋
	M004 大乘寶要義論(諸經要集)
	M006 菩提道次第略論
	M007 寂天菩薩全集
	M008 菩提道次第廣論
	M010 菩提道次第修法筆記
	M011 白度母修法(延壽法門修法講解)
	M012 中陰-死亡時刻的解脫
	M018 菩提道次第廣論集註 (卷一～卷十三)
	M019 佛教的本質-《佛教哲學與大手印導引》
	M020 業的力量-(與死亡的恐懼共處)
能海上師系列	N601 般若波羅蜜多教授現證莊嚴論名句頌解
	N602 菩提道次第論科頌講記
	N345 戒定慧基本三學
	N606 能海上師傳
	N607 現證莊嚴論清涼記
	N608 菩提道次第心論
論頌系列	L101 四部論頌(釋量論頌 現證莊嚴論頌 入中論頌 俱舍論頌)
	L102 中觀論頌 (中摺本)
	L103 入菩薩行論頌 (中摺本)
	L104A 彌勒菩薩五部論頌
	L105A 龍樹菩薩論頌集
	L106 中觀論頌釋
	R001 入中論頌 (小摺本)

方廣文化出版品目錄〈五〉

南傳佛教系列

SE05 七種覺悟的因素
SE06 南傳大念處經 (中摺本)
SE07 三十七道品導引手冊 (阿羅漢的足跡增訂版)
SE08 內觀基礎 《從身體中了悟解脫的真相》
SE09 緬甸禪坐 《究竟的止觀之道》(增訂版)

其他系列

Q701 單老居士文集
Q702 肇論講義
Q703B 影 塵-倓虛老法師回憶錄
Q705 佛學小辭典 (隨身版)
ZA01 參 禪《虛雲老和尚禪七開示》
ZA02 禪淨雙修《虛雲老和尚開示錄》
Z005《禪宗公案》-李潤生著